# 現代建築に関する16章
## 空間、時間、そして世界

五十嵐太郎



講談社現代新書

1867

目次

## 第一部　かたちと環境をめぐって

＊とくに出典を明示しない図版は著者撮影のものです。

# 第一部　かたちと環境をめぐって

# 第一章　形態と機能――装飾された小屋あるいは原っぱ

## 形態は機能に従う

建築にとって基本的なキーワード、形態と機能の関係を考えましょう。

正確にいうと、これは二十世紀のモダニズム以降、とても重要なテーマになったものです。一般的には、ルイス・サリヴァン（一八五六～一九二四）が「形態は機能に従う」（Form follows function.）というアフォリズムを語ったことで有名です。美のためにかたちがあるのではなく、機能が形態を決定するわけです。つまり、あらかじめ美があるのではなく、方程式を解くと、結果的に美しいものが生じるという考え方です。

ただし、こうした系譜を太古まで遡《さかのぼ》ると、たとえば、用・強・美の三つを唱えたウィトルウィウスの『建築書』まで戻るかもしれません。この本はローマ期、紀元前三三〜前二二年ごろの成立とされるもので、ギリシアの工匠術を解説したものです。もっとも、ここでは機能に対応する用と、形態に対応する美は、ある意味でそれぞれ自立的に定義されていました。つまり、両者のつながりというか、相関性はきちんと意識されていなかった。しかし、近代になると、どのような使い方をするかという機能に形態が従う。つまり、両者が明快な関数として規定される。ちなみに、そもそもファンクションという言葉は、機能だけではなく、関数という意味をもっています。ともあれ、形態と機能を関係づけたことは、大きな転換でした。

少なくとも、近代以前の古典主義（古代ギリシアの建築を理想とみなす考え方）にしろ、ゴシック（建築では中世［主義］的＝反古典主義的なもの）にしろ、建築のかたちをどう決めるのかは、様式という制度のなかのルールによって導かれていました。どんな用途の建物であれ、様式こそが形態の生成システムにおいて、もっとも重要だったわけです。じっさい、細部のパターンまで自動的に決まっていく。

二十世紀の初頭に機能主義的な造形の絶好のモデルとして注目されたのが、産業革命以降に増えた工場やサイロでした。大聖堂はやはり宗教施設ですから、美学的な意図が入りやすい。しかし、産業施設は、効率的な大量生産が第一なので、鑑賞するためにつくられるものではありません。つまり、純粋に機能的な構築物といえるわけです。だから、そこには当然、装飾はないし、必要なヴォリュームを組みあわせた姿をむき出しでみせたわけです。ヨーロッパのモダニスト、ル・コルビュジエ（一八八七～一九六五）やバウハウスの建築家も、アメリカですでに出てきた工場建築からおおいに刺激を受けました。モダニズムにおいて、機械のメタファーが使われるのも、こうした文脈にのっています。たとえば、「住宅は住むための機械である」というル・コルビュジエの有名なテーゼがあります。機械も装飾を排除して、機能的にかたちが決定されている。逆にいえば、機械の建築版が工場になるわけです。

## 形態は規範に従う

形態と機能の関係ですが、さまざまなバリエーションを生みだします。ポストモダンの時代になると、ピーター・ブレイクという建築家（一九二〇～）が近代建築の失敗例を挙げながら、「形態は失敗に従う」（Form follows fiasco.）という言い換えをおこないます。fiascoとはイタリア語で大失敗のことですが、これも三つの単語の頭文字を並べると、サリヴァンのアフォリズムと同じくＦＦＦになる。やはり、語呂がいい。ミシェル・ドゥネも、「形態は機能に従う」にひっかけて、Form follows fiction.というフレーズを書名にしています。フィクションというつくりごとに形態が従うわけです。ノン・フィクションとしての機能ではなく、物語や虚構が形態の根拠になる。まじめなモダニズムではありえない。これは、とてもポストモダン的な手法をあらわしていると思います。あと、Form follows metafiction.という言葉。これは僕が考えたものです。これはダニエル・リベスキンドという建築家（一九四六〜）のベルリンにある《ユダヤ博物館》（一九九八）を論じたときに使ったのですが、フィクションとノン・フィクションを宙吊りにしたようなプロットから幾何学的なスキームが決定されることを意味します。

この手の言い方をさらにもじったものとして、「形態は規範に従う」というのがあります。これは社会学者の上野千鶴子《ちずこ》（一九四八〜）の考え方をあらわしています。とくに住宅を指しているのですが、本来、それぞれの家族がどんな空間に住みたいかという欲望や機能よりも、むしろ家族とはこうあるべきだという規範に縛られているという意味です。つまり、機能主義よりも規範こそが住宅の姿を決定しているという。

上野は、建築家の山本理顕《りけん》（一九四五〜）と論争をおこなったときに、彼を空間帝国主義だと批判しました。建築家というのは、空間の形式が人びとのふるまいを決定し、社会の問題もすべて解決できると信じている、と。また家族像と空間の関係を一対一で提供できると思っている。しかし、それは空間帝国主義だと言うわけです。上野にすれば、社会学

1—1　山本理顕　《東雲キャナルコート》

的なフィールドワークをおこなうと、現実には、ハコとそこでのふるまいはズレている。同じ屋根の下に住んでいても、同じ家族だと心のなかでは思っていなかったり、逆に遠隔地に暮らしていても同じ家族だという意識をもつことがあったりする。つまり、形態と用途、あるいは機能はズレているのだという。

けれども山本理顕はその批判を甘んじて受けると述べています。むろん、そうしないと、建築家としての根拠がなくなってしまうからです。ともあれ、家族の問題を空間の操作によって解決できるとはっきりと言明しているという意味で、彼はモダニストといえるかもしれません。

## 形態と機能の断絶

上野に近い立場を宣言したのが、建築家のべルナール・チュミ（一九四四〜）です。彼は著書“Architecture and Disjunction”（邦題『建築と断絶』鹿島出版会）という本のなかで、形態と機能はそもそも断絶しているのだ、切り離されているのだという。両者が関係ないというのは、まさしく反モダニズム的な考え方です。カオティックな現代都市の状況を挙げて、形態と機能の断絶を指摘しています。彼によれば、同じ形態であっても、機能というのはさまざまに入れ替え可能です。ときには教会がボウリング場になるかもしれない。同じ形にちがう機能を入れることは、エキセントリックに思えるかもしれませんが、よく考えてみると、リノベーションです。倉庫がアトリエになったり、オフィスビルが集合住宅になったりするように、建築の転用です。

形態は機能に従うという言葉は、つくり手の視点が強いのにたいし、チュミは使う人の側に近づいている。計画者から使用者へのシフトは、六〇年代の学生運動に強い影響を受けた彼らしい発想です。じっさい、長いあいだ建物を使っていると、当初想定されないような事態はいくらでも発生します。そうすると、モダニズムのように形態と機能をあまりに一義的に固定して考えるのは、理想的ではあるけれど、現実的ではありません。

ただし、チュミは、なんにでも使える多目的ホールがいいといっているわけでもない。それよりも、ある機能を想定したものが、別の機能にズレるときに発生する事態に関心がある。チュミは、空間においてイベント、すなわち事件が生起することに興味をもっています。とにかくこれまでは、言い換えにしても、形態はフィクションに従う、というように、形態となにかを関連づけていたわけですが、チュミの場合、関係性そのものを断絶させたというのがミソです。そうすると、機能に縛られない、純粋な形態論にもつながっていきます。

## あひると装飾された小屋

次にチュミと同じくポストモダンのアメリカの建築家、ロバート・ヴェンチューリ（一九二五〜）を見ましょう。彼は、直接的に形態と機能と言っているわけではないのですが、デニス・スコット・ブラウンとともに著した"Learning from Las Vegas"（邦題『ラスベガス』鹿島出版会）では、ラスベガスをフィールドワークした結果、「あひる」と「装飾された小屋」という二つのモデルを提出しています。これを形態と機能という視点から読み返してみたいと思います。

「あひる」というのは、その建物に要求された機能をそのまま形にしたもの。たとえば、コーヒーカップのかたちをした喫茶店などがそうです。アメリカには、あひるのかたちをしたロードサイドショップが実在していることから、「あひる」という名前がつきました。こうした系譜をさかのぼると、すでに十八世紀の建築家ジャン・ジャック・ルクーが、牛の

1—2　ヴェンチューリらによるあひる／装飾（『ラスベガス』より）

かたちをした牛小屋を構想しているのですが、やはり二十世紀になって、車社会が到来したことに加え、大衆化と商業化が結びついたことで、「あひる」タイプの店舗が急増したといえるでしょう。

もっとも、ヴェンチューリの「あひる」は、たんに安易な商業建築を揶揄《やゆ》しただけではなくて、じつはモダニズムへの批判も射程に入れています。なぜなら、お店の内容をそのままかたちにしているわけですから、まさに「形態は機能に従う」の究極的な姿が「あひる」になるからです。つまり、これはモダニズムへのすごい当てこすりなのです。モダニズムは、あひるのようなふざけた商業建築をもっとも軽蔑していたからです。

一方、「装飾された小屋」というのは、彼がラスベガスのホテルやカジノを調査した結果、発見した概念ですが、要するに、看板が切り離された建築物です。つまり、このような建物がここにありますというメッセージを発信する機能は、本体から独立している。逆に、「あひる」の場合は、サイン機能と造形原理が一体化していました。しかし、「装飾された小屋」では、サイン機能を切り離して、前面道路の方に寄せると、建物はその影響を受けずに、純粋に機能的な四角い箱形のままでいい。

やはり外部と内部を一致させようとした近代建築にたいする痛烈な批判です。形態をサイン機能に従属させた「あひる」は、けっきょく、形を歪《ゆが》ませて、機能主義的ではなくなっている。奇抜なかたちで、使いにくいものになってしまう。もちろん、高速で走る自動車にたいして、ここに店がありますよというサイン機能は必要です。しかし、それをあまりに肥大化させて、本体の形をおかしくしてしまうと、本末転倒です。使い勝手がおかしなことになっている。その意味で「装飾された小屋」というのは、サイン機能と、空間としての機能を分けることで、そうした歪みをなくしています。しかも、効率的に建築のメッセージをドライバーに伝える。より洗練されたコミュニケーションの建築として評価されるわけです。しかしながら、最近のラスベガスには、ピラミッドのかたちをしたカジノ・ホテル、ルクソールなどが登場し、巨大な「あひる」が増えているように思います。

## 原っぱと遊園地

形態と機能という視点では、青木淳（一九五七〜）が掲げたコンセプトがおもしろい。

1－3　ラスベガスのルクソール

1－4　ロサンゼルスのディズニーランド

『原っぱと遊園地』という著書（王国社）のタイトルにもなった二つの概念がそれです。「原っぱ」というのは、ぽこんと空いていて、そこをどう使うかがあまり定義されていない空間です。つまり、自由度のある、あるいは使い手の方がふるまい方を考えていくような場所。ドラえもんなどの漫画に出てくる、土管が転がっている空き地もそうしたタイプの空間だと思います。最近はあまりこうした場所を見かけません。もし、あったとしても、危険だとか誰が責任をとるのだという問題が出て、すぐに閉鎖されそうです。

一方、「遊園地」というのは、テーマパークを想像してもらうとわかりやすいのですが、いたれり尽くせりの空間のことです。ここでは走りなさい、ここでは遊びなさい、ここでは食べなさい、と空間と機能がぎちぎちに一対一に対応している。あらかじめ先取りして、「あなたはここでこうしなさい」ということが指示されるような場所です。しかも、それにとてもふさわしい形態が用意されている。たとえば、滑り台があれば、そこで滑りなさいという暗黙の命令がなされているわけです。砂場はまだ自由度が高そうですが、ジェットコースターなどのライドの装置は、ただ座るだけの、受動的な経験です。

つまり、形態がぴったりと機能にくっついているのが「遊園地」。窒息するくらいに、機能主義で満たされた空間。これもモダニズムを突きつめたものです。しかし、「原っぱ」の方は、そもそも機能が充塡《じゅうてん》されていないというか、そこで何をやるかということは空白です。形態と機能が断絶しているというチュミの主張と、近い考え方です。

　青木淳はどちらがいいかというと、「原っぱ」の方に可能性を見出しています。彼の住宅のプランでも、部屋名を入れずに、大人の領域といった特殊な表現をしていました。たしかに、部屋名というのは、だいたいそこで何をする部屋かを明示するわけで、機能主義的に空間を分節します。しかし、それに抗《あらが》うものとして、曖昧《あいまい》な空間の性格を残している領域と呼んだわけです。青木は、「動線体」という概念も使っていました。これは空間を区切らず、不均質なまま連続させるようなイメージです。

　建物をじっさいに使いだすと、細かい用途なんて、時間が経てばいくらでも変わっていく。最初から完璧《かんぺき》に使いやすい建築は、そのうち使いづらくなる。倉庫がギャラリーになるような転用もあるでしょう。最近、注目を浴びている、ある目的でつくられた建物を違う施設に改造するというリノベーションは、まさにそうした形態と機能のズレがはっきりとあらわれる現場です。

「原っぱ」のモデルは、もともと形態と機能が一対一ではないから、むしろ使う人が機能を主体的に発見していくような空間になります。使いやすさばかりをうたうのではなく、ちょっと引いたところから建築を考えているのです。

## 新しいフォルマリズム

建築家の作品は使いにくいという批判をよく耳にします。たとえば、美術関係者は、建築家のデザインした美術館は使いにくいとよく言います。もちろん、ほんとうにダメなものもあるかもしれませんが、個人的には至れりつくせりの箱を求めすぎているような気もします。たとえば、ルーブル美術館はもともと宮殿でした。倉庫や工場、あるいは住宅が美術館に転用されるケースもありますが、意外にこういった物件の苦情を聞きません。もともと違う目的の施設だから、使いにくいはずなのですが、既存の空間を受け入れて、使いこなそうとしているからでしょう。とくにルーブルは、もともと充分な余裕のある空間だから、いかようにも転用できる。

戦後の日本では、さまざまな制約があったことから、最低限のスペースで必要な機能を満たした住宅が注目された時期があります。最小限住居と呼ばれましたが、機能主義の極北です。しかし、これに異を唱えたのが篠原一男（一九二五〜二〇〇六）で、住宅は美しくないといけないと言い切った。興味深いのは、豪邸というか、大きい住宅の場合、機能主義では解決できないと指摘したことです。なるほど、余剰なものが増えると、別のロジックが発生します。

青木の場合、「原っぱ」といっても、なんでもいいわけではない。ある種の強い形式性

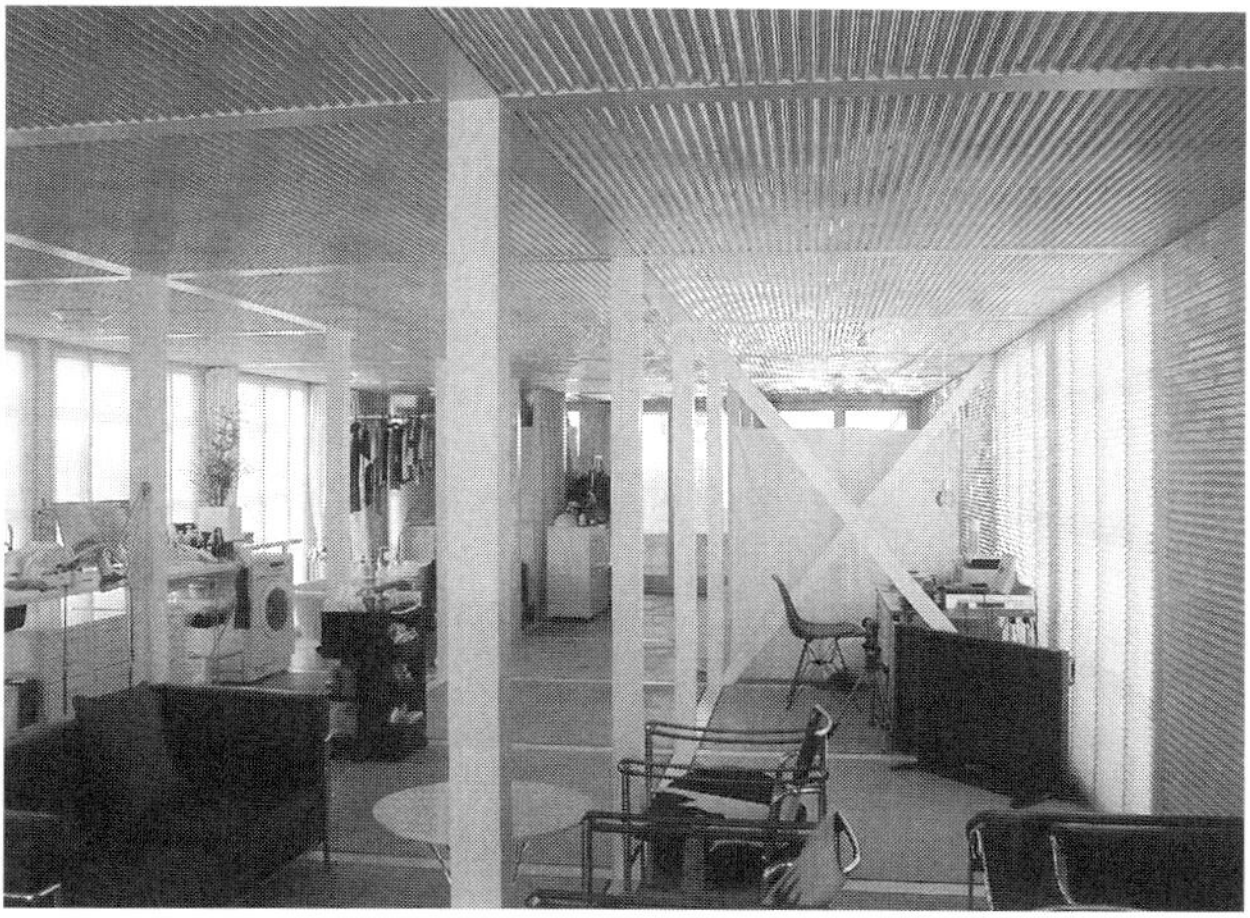
1―5　五十嵐淳　《矩形の森》

を求めているように思います。ピーター・アイゼンマン（一九三二〜）のように、それを前面には出しませんが、青木はじつはフォルマリストではないかと思います。インタビューをしたときに青木から聞いたのですが、ヨーロッパで建物を見て、おもしろいと思ったものは、ウィーンのカール・マルクス・ホーフとか、イデオロギーが強い時代の建築だったという。どういうことかというと、強い形式をもっているからです。社会主義などのイデオロギーが強い形式性を要請すると、そのイデオロギー自体は消滅しても、建築は魅力をもちつづける。つまり、意味内容が変わっても、形式性の強さは残る、と。青木の卒業設計も、機能はどうでもよくて、ある形式が自動的にドライブするような作品です。

空間とその使い方をあらかじめ完全に一致させることを疑うという認識は、かなり共有されているように思います。たとえば、アトリエ・ワンのミニハウスは、部屋の組みあわせという平面的な間取りをつくらずに、ワンルームを垂直に積み重ねた構成になっています。そこを好きなように、彼ら流にいうと、住人がカスタマイズして使う。五十嵐淳（一九七〇〜）の自邸《矩形の森》も、大きなワンルームで、ほとんど間仕切りがありません。柱がグリッド状に並んでいる空間で、使いながら多様な場所が生まれるという考え方です。たとえば、寝室だからベッドがあるのではなく、逆にベッドを置いた場所が、寝室の領域になる。つまり、壁などの建築的な装置ではなく、家具が機能を決めていく。建築と家具のあいだのヒエラルキーも崩そうとしているわけです。

# 第二章　バロック――楕円と装飾

## 歪んだ真珠

バロックというキーワードをもとに、楕円《だえん》、空間、あるいは装飾について考えましょう。

まず建築家の黒川紀章《きしょう》（一九三四〜）の有名なエピソードを紹介します。女優の奥さん、若尾文子《あやこ》にプロポーズするときの言葉が、「あなたはバロックのようだ」だったそうです。

これはバロックの語源を知っていると、ちょっと複雑な感じがします。バロックという言葉は、もともとポルトガル語のバローコという言葉からきていまして、「歪んだ真珠」を意味します。つまり、できそこないの真珠ということで、本来ならば丸い真珠が歪んでいる、という悪口だった。もっとも、様式の名称は、しばしば悪口に由来するものが多く、ゴシックも「ゴート族のように野蛮な」という意味の悪口だったし、印象派も、印象をただ描きなぐったにすぎないという批判がもとになっています。しかし、悪口は相手の本質をつくことがあるので、様式の名称になるのかもしれません。そうすると、「あなたはバロックのようだ」は悪口のようにも思えます。しかし、これは当然、褒《ほ》め言葉として使っています。

黒川紀章の場合は、エウヘニオ・ドールス（一八八一〜一九五四）というスペインの美学者のバロック論考を参照しています。彼がいうバロックとは、わかりやすくいうと、「情熱的なもの、理性では抑えきれないもの」です。ドールスは、ある特定の時代に限定せず、理知的で冷静なものにたいする、情熱的で過剰な世の中のいろいろな現象にたいして、バロックという言葉をあてていく。建築だと、十七世紀末スペインの建築家、チュリゲラの作品をあげていて、この人の場合まさに過剰なものとしてのバロックです。つまり、若尾文子にたいして黒川は、情熱的な人というニュアンスで「バロック」という言葉を使ったわけです。

一般に建築でバロックというときには、『ルネサンスとバロック』という著作で知られるスイスの美術史家、ハインリヒ・ヴェルフリン（一八六四〜一九四五）がルネッサンスと対比しながら与えた定義が有名です。

2―1　ボッロミーニ《サン・カルロ・アッレ・クワットロ・フォンターネ聖堂》の楕円形ドーム天井

彼は平面的かつ明瞭なルネッサンスにたいして、奥行きや深みがあるもの、不明瞭なものをバロックと呼んでいます。あるいは閉ざされた形式のルネッサンスにたいして、開放的な形式がバロックなのだとします。

建築史におけるバロックという言葉は、十六世紀から十七世紀を指しますが、現代にもつながるような補助線をいくつか出してみましょう。

## 楕円と階段

バロックの建築の特徴として、「楕円」があります。これはじっさいに立面でも平面でも出てきますが、イタリアの建築家、ボッロミーニ（一五九九～一六六七）の《サン・カルロ・アッレ・クワットロ・フォンターネ聖堂》

（一六六五〜六七）の場合、楕円形のドーム天井が出てくる。立面のメダイヨンや窓も楕円形です。つまり、前の時代のルネッサンスが円形を好んだのにたいして、バロックでは、楕円形が出てくる。

円形の中心はひとつですが、楕円は作図するときに焦点が二つ必要です。二つの焦点からの距離の合計がつねに一定になる点をたどると楕円になるからです。これは中心が分裂した状態だと解釈できます。当時の世界観でも、ヨーロッパだけの世界に、新大陸が発見されて、もうひとつの極が発見されています。ヨーロッパ中心だったものが、旧大陸と新大陸という二つの極に分裂する、といった世界観の変化とも対応している。

楕円形のモチーフというのは、現代建築でもとくに一九九〇年代以降に使われています。たとえば、伊東豊雄（一九四一〜）、長谷川逸子（一九四一〜）、レム・コールハース（一九四四〜）などの建築家です。とくに伊東の場合、中心をなくして周りの環境に開放していくために楕円を使う感じで、もともとバロックがもっていた開放的な建築のつくり方ともつながっている。あるいは安藤忠雄（一九四一〜）が、大阪・中之島公会堂のプロジェクトでアーバン・エッグという卵形の空間を埋めこむような提案をしている。正しい円形ではなくて、それが引き伸ばされたような形になると楕円になっていくわけです。

円形が静止しているイメージだとすれば、楕円はそれ自体に動きを内包している。動き

2－2　伊東豊雄　楕円のホールをもつ《長岡リリックホール》

2－3　エーロ・サーリネン　《TWAターミナル》

をもった形はバロック的なものであるし、一方で現代建築にも求められているからこそ、楕円というモチーフがよく使われるのでしょう。ダイナミックな造形がバロック的なものだとすれば、二十世紀の半ばにコンクリートを使った現代建築が、構造技術の発展とともにダイナミックな造形を獲得していくことが思い出されます。たとえば、オスカー・ニーマイヤー（一九〇七〜）やエーロ・サーリネン（一九一〇〜六一）の構造表現主義というべき試みは、ある意味では近代建築のバロック化というように説明できるでしょう。素材は石からコンクリートに変わっているのですが、モダニズム建築が四角い箱形の建築で落ちついたものだったのにたいし、曲線的で流動的な造形を展開しているからです。

さらにこうした傾向を後に反復したものとしては、一九九〇年代にはやったサイバー・アーキテクチャー、あるいはバーチャル・アーキテクチャーが挙げられるでしょう。コンピュータが設計に取り入れられるようになって、実現はできなくとも、ビジュアルイメージとしてニーマイヤーをはるかにしのぐ、凹凸の激しいグニャグニャの襞《ひだ》状のデザインが、新しい建築のイメージとして提示されました。これもある意味でバロック化なのですが、もはや実体的な空間をともなわなくてもいい。コンピュータの画面のなかで展開する方向性で出てきたものです。

さらにいえば、時間とともに変化することも可能です。じっさいにできた建築を動かすことは不可能なことですが、コンピュータのなかのイメージであれば、時間の推移にともなって変化させることも可能で、バロック的な傾向をさらに進めていく。そもそも、ある技術が過剰になったときに、こういった極端な表現が生まれるとすれば、そういう系譜のなかで、二十世紀末のサイバー・アーキテクチャーも位置づけられると思います。

動きに関して、建築の歴史のなかで特筆すべきことは、バロックが「階段」をデザインの表舞台に引きずり出したことがあげられます。もちろん以前から上下をつなぐ装置として階段は存在していたのですが、基本的に階段室は隠されていた。しかし、バロックの時代に階段そのものがデザインの要素として活用されるようになった。これは「動き」と関

2—4　パリ、オペラ座の下階段

係があって、階段というのはまさに人が上下に歩く場所です。劇的な動きの空間なのです。十九世紀のネオ・バロックであるパリのオペラ座などは、大きな吹き抜けに壮麗な階段をもうけています。こうしたタイプをバロック階段と呼ぶわけなのですが、そこは人びとが出入りすること自体が見せ物になっている。それとバロックの様式は相性がいい。

いかにドラマティックに空間を演出するか、ということを意識したのがバロック。言い換えれば、建築がどのような形をもっているかではなく、どのように見えるか、ということを強く意識する。つまり、ルネッサンス建築の円形では、かたちの存在そのものに完結性というシンボリックな意味をよりもたせるのですが、そういうことよりもじっさいに人がそこに行ったときにどう見えるかという空間の効果のほうを考えたのがバロックなのです。それが建築のありかた自体を変容させていく。

## 空間の操作

バロックの建築が空間の動きとともにもたらしたのが、凹凸の激しいファサードです。たとえば、サン・カルロ・アッレ・クワットロ・フォンターネ聖堂の正面は波打っている。ルネッサンスの建築がわりと平坦なファサードをもっている、あるいは円形のプランだったら内側から外に膨《ふく》らんだものだとすれば、バロックの建築は、凹凸の組みあわせが

2―5　楕円形の広場（ローマのピアッツァ・サン・イグナツィオ）

ある。

　言い方をかえると、内部と外部の関係が相互に貫入している。それまでの建築にはなかった空間の構成です。たとえば、ローマのある教会では、まわりの他の建物と集合することで、結果的に楕円形の広場を浮かびあがらせる。要するに虚の部分というか、そこには何も実体はないのですけれど、抉《えぐ》り出されたような楕円を生みだしている。それまでの建築が物理的な実体をつくることに専念したのにたいして、バロックでは空白の部分に意識が向くわけです。こうした態度を拡張すると、都市空間の広場になる。つまり、モノだけではなくて、その周りにある空白の部分がデザインの操作対象になっていく。

　そういう意味で現在から振り返ると、空間

の概念が、ここですごく意識されはじめるともいえるでしょう。二十世紀の建築は「空間」がキーワードになるのですが、空間そのものは実体はないというか、虚の部分ですね。それを建築史のなかでたどっていくと、バロックあたりに萌芽があるわけです。ジークフリート・ギーディオンの大著『空間・時間・建築』(丸善)は、空間の概念が歴史的にどう形成され、変遷したかを論じたものですが、そのなかでも出発点になっているのがバロックあたりの時代なのです。そもそもバロックの建築の研究は、十九世紀おわりくらいから二十世紀の初頭にかけて、ヴェルフリンらによる歴史的な分析のなかから浮上してくる。まさにその時代に二十世紀のモダニズムが空間に興味をもち出すというのも、ある意味での並行現象といえるかもしれません。

先ほど挙げた内部空間と外部空間の関係でいうと、バロックの時代に都市の空間にたいする意識がやはり出てくる。ですから、建築を単体として考えるのではなく、その外部にある空白の部分、つまり都市空間と建築がどういうふうに相互作用するかというのを考える。そういうような方向性が出てくるわけです。たとえば、広場のつくり方です。サン・ピエトロ大聖堂の場合、手前にバロックの建築家ベルニーニが設計した巨大な楕円形の広場と、それを抱きかかえるコロネード(石造りの回廊)がある。ここは人がいないときにはわりと閑散としていますけれど、法王がいるときはいっぱい人が埋め尽くすことで、この広場の大きさの意味が浮上します。

ともあれ、ここで重要なのはやはり空虚な部分であり、それをデザインの対象として造形する意識です。図と地の関係でいうと、建築が図だとすれば、広場や屋外空間は地です。これまでは図としての建築がデザインの対象だったけれど、地の部分に注目する。つまり、都市空間への計画的な参与が、バロックから発達したのです。こうした系譜では、十九世紀末にカミロ・ジッテが『広場の造形』という本を書きました。広場を芸術的にデザインする方法を提唱したものです。興味深いことに、ヴェルフリンがバロックを分析していたのと同時代です。また、ジッテに影響を受けて、日本の建築家の芦原義信(一九一八〜二〇〇三)が『街並みの美学』(岩波書店)において、やはり建築という実体とその外にある道路や外部空間との関係について考察をおこなっています。

## 過剰なまでの装飾

最後にもうひとつ、装飾にたいする考えにも補助線を引きましょう。

ここまでは建築的な形式に触れましたが、一方でバロックの時代の建築は非常に装飾的な要素が強くなる。その極端な例は、ミュンヘンにあるアザム兄弟によるザンクト・ヨハン・ネポムク聖堂なのですが、内部空間を見ると、どこまでが建築でどこからが絵画で彫刻なのかという境目がわからないくらい、渾然一体《こんぜんいったい》としている。古典主義の枠組みがどろどろに溶解したような過剰な装飾の世界です。ドールスが指摘したように、ある種の過剰なものに向かっていく傾向が、バロックには秘められていると思います。

その理由としては、バロックの重要なパトロンだったカトリック教会が、総合芸術として一種のスペクタクル空間をつくることで、聖書にたちかえる禁欲的なプロテスタントに対抗しようという意図があったことが挙げられます。いかに人を圧倒するような場をつくるか、しかも建築だけではなくて、絵画や彫刻、あるいは光をそこにどう取りこむかということを総動員する。バロックは、そうした権威を誇示するデザインとしても便利な方向性をもっています。

これは別にローマだけの話ではなくて、むしろバロックは、スペインのような独特の風土のあるところへ行くと、そうした傾向とも融合して、化学変化が起きます。あるいは、新世界のラテンアメリカにバロックが移植されると、たとえばメキシコの土着的な装飾と結びついて、空白恐怖症のように、おびただしい装飾が壁面を埋め尽くしていく。襞《ひだ》のように情報が圧縮された壁面をつくっていく。三次元的な凹凸をつくるよりも、二次元的な面を装飾がおおう。つまり、バロックにおける装飾や過剰なものへのベクトルが、別の要素と融合すると、それがスパークして、すさまじい世界を創造するのです。メキシコの建築についていは、小野一郎が『ウルトラバロック』（新潮社）という写真集を出しています。西洋がラテンアメリカを植民地化するのだけれども、バロックを触媒として、土着の文化がいっせいに狂い咲きしている。日本であれば、縄文的な装飾にもつながるのかもしれません。

装飾というキーワードを挙げたので、モダニズムにも言及します。一方で空間の概念はモダニズムと結びついたのですが、逆に装飾はモダニズムがまさに敵視して、抑圧した対象です。たとえば、二十世紀の初頭、アドルフ・ロース（一八七〇～一九三三）というウィーンの建築家が一九〇八年に『装飾と罪悪』という有名なエッセイを書いています。そこで装飾を批判するのですが、パプア・ニューギニア人の刺青と装飾を結びつけて、近代人にはふさわしくないという。むろん、現在のわれわれから見れば、それでもロースのデザインは十分に装飾的ですし、建築における効用性を主張した当時のオットー・ワーグナー（一八四一～一九一八）の建築にも装飾が残っています。しかし、ここで理念として、装飾を排除していく方向性が打ちだされたことが重要なのです。

ただし、これも現代建築の流れのなかで復権しています。まずポストモダンは、モダニズムにたいする反動でしたから、やはり装飾に注目しました。敵の敵は味方というわけです。当時は、装飾がもつシンボリックな作用だとか、意味だとか、記号論的なものと結び

2―6　乾久美子　ルイ・ヴィトンのＬＶのロゴを意識した装飾。（ヒルトンプラザ店）

つけています。過去の引用にもとづく装飾も多く、物語性が求められました。そして二十一世紀に入って、建築の先端的な動きと、ルイ・ヴィトンとかプラダとかのスーパーブランドの建築とが結びつくときに、装飾がテーマになってくるのです。それはブランドの店舗ということも大きいと思うのですが、建物の表面をどのように飾って、見せるのかを追求するからです。

伊東豊雄は、楕円の造形のモチーフも使いますが、装飾的な要素をいろいろなところにちりばめるようになりました。ポストモダンのときとの違いはあります。ブランド系では、抽象的な装飾が多く、素材とか形に注目するのですが、あまり意味論の方にもってこない。また透明な感じも強い。あるパターンを増殖していくようなものです。何か形式がドライブして装飾になっていく。もちろん、ＬＶなどの記号を使いますが、具象的ではない。ポストモダンがキリスト教的なイコノロジーだとすれば、ブランド系は偶像を禁止したイスラム的な装飾といえるかもしれません。

二十世紀以降、装飾が敬遠される最大の理由はやはりお金だと思います。装飾の復権には、コストの問題があります。職人の手による装飾は、時間とお金が莫大にかかる。技術よりも生産の体制の問題でしょう。石工などの職人を使っているわけではありませんが、ブランド建築は単価が高くて、その意味で装飾が可能になっている側面もあると思います。

# 第三章　斜線とスロープ――運動そしてランドスケープ

## 斜線制限が生みだす風景

斜めの線について話します。

建築でいうと、まず大地という水平線があって、そこに柱や壁という垂直線が生じます。二階や三階のスラブは、積層された水平線であり人がいる空間です。では、斜めの線が生じるところはといえば、屋根などの外観です。雨をためないで処理するためにも、斜めであることが要請されました。

日本の古建築は、外観をみたとき、ボリュームのある屋根の印象が大きい。しかし、モダニズムの建築は斜めの屋根を嫌い、水平な陸屋根を使うようになります。伝統を否定するために、象徴的な屋根を消すという意味もあったでしょう。またル・コルビュジエは、屋根も日照を浴びることのできる健康な屋上庭園をつくるというメリットも指摘しました。屋根ももうひとつの床面、つまりいちばん上のスラブとして定義されたわけです。

ところで、手塚貴晴《たかはる》と手塚由比《ゆい》の《屋根の家》は、テーブルと椅子とキッチンとシャワーがむき出しで屋根の上にあります。家族が屋根の上で食事をするのですが、微妙に傾斜があります。もし水平にしたら、ただの屋上になってしまう。そうすると、ふつうの建築の屋上で食べているだけでおもしろくない。モダニズムの時代と違い、陸屋根は珍しくなくなった。しかし、《屋根の家》では、微妙な傾きによって、いちばん上の面が屋根として定義されます。《屋根の家》は向かいに山があって、それを見ながら食事するのにも、ちょっと傾斜があることで、そっちを向くようになっている。

おそらく、外観の斜線を人工的な法制度によって明確に意識した最初の都市は、ニューヨークでしょう。建物のヴォリュームを斜線によって制限する一九一六年の地域指定条例によって、先端の尖ったスカイスクレーパー（摩天楼）が登場しました。とくにヒュー・フェリス（一八八九〜一九六二）という透視画家が未来のマンハッタンのイメージを描いた『明日のメトロポリス』（一九二九）が知られています。これは制限のヴォリュームいっぱいに摩天楼が立ち上がったときの風景を予見したものです。窓などの要素は省かれ、尖った鉱物の塊のような建築です。斜めの線が印象的です。

二〇〇六年、若手建築家の吉村靖孝が刊行した『超合法建築図鑑』（彰国社）でも、建築の法規が生みだす風景を観察して、特殊な事例を紹介しています。やはり、前面道路の反対側の境界線から一定の角度で高さの制限を受けるという斜線制限に注目しています。これは採光や通風を確保したり、閉塞感を与えないためのルールなのですが、結果的に斜めの線を特徴とするビル群を生みだしました。そこで吉村は、じっさいの街の建築から「斜線カテドラル」や「斜線渓谷」といった見立てをおこなっています。てっぺんがクリスタル状の鋭角的な造形になっているヘルツォーク&ド・ムーロンによる東京・表参道のプラダも、こうした法律によって形態が決定されています。

## スロープは機械と相性がいい

次にゆるやかな傾斜のある通路、すなわちスロープです。ル・コルビュジエの《サヴォア邸》は、螺旋《らせん》階段もあるのですが、むしろ重要なのは真ん中をスロープが貫いていて、屋上庭園までつながっていることです。

ほかの作品では、屋外と屋内をつなげるときなどにもスロープを効果的に使う。彼は、二十世紀において、スロープという建築のボキャブラリーを創始しました。彼は、建築的

3－1　手塚貴晴・手塚由比
《屋根の家》

3－2　ル・コルビュジエ
《サヴォア邸》

プロムナードという言い方をしていますが、要するに建築の空間を散歩をするように体験するときにスロープが効果的に用いられる。スロープは、階段よりも傾斜がゆるくなるので、横方向の移動距離が増えます。階段だとすぐ昇れるのを、わざと建物のなかに端から端まで往復運動をつくるわけです。そうやって距離をかせいで、建築の空間をじっくりと体験する。

さらに考えると、階段はだんだんに少しずつレベルがずれて、それを昇っていくのにたいして、スロープは坂でつながる。よりスムーズに人が平行移動する。それはとても映像的です。ル・コルビュジエは自分の建物のプロモーションビデオというべき映像作品もつくらせているのですが、たとえば、スロープだとカメラは平行移動できるけれど、階段だとガクンガクンとなってしまうので、相性が悪い。

考えてみると、意外に過去の建築では、人が使うスロープはほとんど登場していません。たとえば、人間が昇るためのスロープではないのですが、エジプトのピラミッドは、外部に傾斜がある。いまはガタガタですが、昔はなめらかにつながっていた。また、ピラミッドを建設するときに、高さに合わせて、巨大な坂道をつくって、石を運びました。これは工事の搬入のためのスロープです。エジプトのハトシェプスト女王葬祭神殿は、山を背景にしているのですが、そこにいたる長い坂道がつくってある。これは人がのぼるためのスロープといえるでしょう。北京の紫禁城の宮殿でも、階段のまん中に竜を描いたスロープがあって、皇帝の道とされていますが、ここも歩いて昇るのではなく、両側から籠で吊られて上がっていくようです。つまり、シンボルとしてのスロープです。

そうすると、スロープはとても二十世紀的な建築の装置といえる。階段よりも、スロープと相性がいいものとして、車が挙げられます。人間は階段でも昇れるのですが、車輪のついているものは段差で困ってしまう。有名な近代建築だと、トリノのフィアット社の施設が、スロープを使い、そのまま車で上まで昇るようになっています。これは今の立体駐車場の原型といえる建築です。ほかにも物流センターなど、車で入っていく建築があります。つまり、スロープは、機械的なものにとって便利なのです。

いま、もっとも多いスロープはたぶん福祉用でしょう。ハートビル法によって、車椅子のひとでも移動しやすいようにするためにスロープの設置が要請されているからです。やはり、車輪です。ル・コルビュジエは、お年寄りにもやさしいユニバーサル・デザインを考えていたわけではないのですが、スロープはこうした新しい役割を獲得しました。

ちなみに、ロボットが将来増産されて、人間と同じ社会に共存するようになったときに、どういう都市空間が必要かという問題があります。松井龍哉というロボットのデザイナーによれば、SFに出てくるようなスーパーロボットの登場はまだまだ先で、現在のロボットは完全な運動機能をもたないので、むしろ高齢者や身体障害者に近い。だから、階段よりもスロープを多用するような都市が必要になるでしょう。階段を昇るロボットも少し出てきていますが、これはけっこう複雑な身体運動なのです。

スロープを発展させた現代の建築家としては、レム・コールハースやその弟子筋の建築家集団MVRDVが挙げられるでしょう。とくにコールハースは、ル・コルビュジエのいろいろな可能性を再読している。たとえば、細長い通路としてのスロープを拡大し、スラブをまるごと傾けた斜めの床を実現させています。彼は、ル・コルビュジエの最大の継承者なのです。補助的なものではなく、交通する空間としてスロープを最大限に活用しています。

二〇〇六年に完成した安藤忠雄の《表参道ヒルズ》は、スロープの建築です。表参道の坂道を引きこんだかのように、ほぼ同じ傾斜のスロープが内部で展開します。街路の感覚を建物の内側にもちこんだわけです。表参道の傾斜した街路を建築化したのが、表参道ヒルズなのです。効果はそれだけではありません。吹き抜けのまわりにスロープが連続しているので、フロアの概念がなくなってしまう。つまり、ふつうだったら商業施設は、一階、二階、三階というふうに数えられますが、ずっとスロープ沿いにお店が並んでいると、そうした概念が通用しません。むしろ、スロープ沿いに三番目のお店とか、五番目の

3—3　レム・コールハース　《エデュカトリアム》のスロープ

3—4　MVRDV　《まつだい雪国農耕文化センター》
スロープの建築化

3―5　ライト《グッゲンハイム美術館》

お店というように番地をつけていくような感覚になる。たしかに街路のようになるわけです。フランク・ロイド・ライト（一八六七〜一九五九）の《グッゲンハイム美術館》も円形の吹き抜けのまわりに螺旋状に続くスロープを用いましたが、こうしたボキャブラリーを商業施設でうまくデザインした。

日本建築だと、ほとんどスロープはないのですが、数少ない例としては福島県の栄螺《さざえ》堂が挙げられます。これは二重螺旋でつくられており、二つのスロープが絡みあい、上がって下がるという経路を別々に設定できる。明治時代に洋画家の高橋由一《ゆいち》も、螺旋展画閣を構想しています。これもスロープの経路をめぐって、展示を見ていく施設です。

## 斜めの機能

スロープは、ある経路をめぐっていく、連続したチューブのような交通空間を建築化するときに出てくるものです。スロープは水平に動くと同時に垂直に移動するという意味で、斜めの運動をつねに発生させるのですが、これをもっともラディカルなかたちで建築の議論にもちこんだのは、テクノロジー評論家として有名なポール・ヴィリリオです。当初、彼は建築の設計とか都市計画もやっていましたが、一九六〇年代にクロード・パランというフランスの建築家と共同で仕事をしていたときに斜めの機能を提案しています。建築は水平と垂直という組みあわせで基本的につくられますが――これにたいして、斜めの方向に空間を展開させるものです。

彼らの議論では、水平は田園が広がっていく農業社会、それにたいして垂直は上下の移動が多い工業社会に対応します。フランク・ロイド・ライトのブロードド・エーカー・シティは、クルマ社会を意識したものですが、どんどん水平に広がっていく都市のイメージです。一方、ル・コルビュジエの構想した「輝く都市」は垂直方向に建物を伸ばしていく。そうすると、ヴィリリオとパランによる、来るべき未来の情報化社会は、それらを横断していく、斜めの移動の世界になるわけです。水平と垂直に代わる第三項として、もしくは水平と垂直を同時に巻きこみながらダイナミックな運動をともなうデザインです。実現したものはほとんどないというかゼロに近いのですけれど、斜めを強調した建築や都市のヴィジョンを構想しました。

ちなみに、黒川紀章も、DNAの二重螺旋構造に触発されて、《ヘリックス・シティ》（一九六一）を発表しています。水平でもなく垂直でもない第三の概念として、螺旋に注目しました。そしてスパイラル状に人工大地を積みかさねた都市を提案しています。斜めの機能のドローイングに先行する事例を探すと、未来派に似ている。たとえば、イタリアの建築家サンテリア（一八八八～一九一六）のドローイングです。斜めの線が特徴的です。基本的には考えていることが似ているから、似て当然なのです。未来派もダイナミックな動きのある新しい空間を求めていました。

もうひとつはロシア構成主義の建築でしょう。たとえば、タトリン（一八八五～一九五三）の《第三インターナショナル記念塔》も、垂直の塔ではなくて、斜め方向に渦を巻く巨大な塔です。建築史をたどっていくと、たぶん未来派だとか構成主義あたりがダイナミックな空間をつくるために斜めの造形を意図的にもちこんだのではないでしょうか。

## 戦争とスピード感

斜めの構図は、戦争と関係があるのではないかと思います。戦争画でも、空中戦などの絵があります。爆撃機からのまなざしなので、そのスピード感や空中の移動を表現するためにも斜めの構図が使われています。これは地上を移動するときには、なかなか出てこない構図でしょう。未来派の絵にもあるのですが、飛行機から見た視線は、水平な大地に縛られない。つねに重力が傾くというか、そういう空中体験が斜めの構図を生みだします。スピード感ということでは、渡辺誠（一九五二〜）はよく交通施設を手がけますが、斜めを強調したデザインです。またヴィリリオは戦争の研究家なので、彼が斜めの機能をいうのもなるほどという感じがします。

この斜めの造形というのは、もう少し新しいところで探すと、ディコンストラクティヴィズムの建築家が好んだモチーフなのです。一九八八年にMoMA（ニューヨーク近代美術館）でディコンストラクティヴィズムの建築展が開かれるのですけれど、そこで共通して使われたデザインです。ディコンストラクティヴィズムの建築は、調和を否定したり不安定な世界観を反映したものとされています。したがって、水平と垂直の組みあわせでつくられる安定した建築を拒否するわけです。むしろ、それを攪乱《かくらん》する要素として、斜めの線になる。ですからチュミだとかアイゼンマンだとかリベスキンドらはおしなべて、斜めの線がいろいろなところに出てくる。たとえば、複数のグリッドのパターンを斜めにして重ねあわせたりする。

ディコンストラクティヴィズムについては、脱構築の思想との関係も指摘されていますが、同展のカタログに寄稿したマーク・ウイグリーは、ロシア構成主義の隔世遺伝と位置づけています。先ほど見たように、ロシア構成主義を継承しているのであれば、ディコンストラクティヴィズムの建築の造形が斜めを多用するのは当然でしょう。

水平と垂直の交わりは直角を生みますが、斜めは不安定な鋭角です。ル・コルビュジエは、《直角の詩》という一連のドローイングと詩を制作しました。直角は正しい、というニュアンスをもちます。じっさい、直角という言葉には、英語のright、あるいはフランス語のdroitでも、正しいという意味を含意している。余談ですが、シェーカー教は厳格な家具や建築のデザインをおこなうことで知られていますが、人間のふるまいも規定します。彼らは四角い中庭があっても、斜めに横切ってはいけない。ショートカットを禁止して、直角に移動する。建築家の宮本佳明《かつひろ》（一九六一〜）は、ル・コルビュジエの《直角の詩》にたいして、《鋭角の詩》を提唱しています。これも都市計画をおこなうときに途中で断絶することで、斜めに重ねあわされたグリッドが生ずる状態の場所をみつけて、鋭角の詩と呼んでいるわけです。ただし、ここではネガティブなものとしてではなく、肯定的な意味を与えようとしています。

### ランドスケープ

スロープは建築というよりはランドスケープ的な側面も強いでしょう。たとえば、リベ

3—6　ポンピドーセンター前の広場

スキンドの《ユダヤ博物館》は、地下に斜めのスロープが三本あるのですが、建築として考えるとても変なのだけれども、庭園として考えるとそうでもない。もともとヨーロッパの庭園にしても、屋外にあるものはスロープというか、傾斜している道を組みこんだ空間をふつうによくつくっています。そう考えると、ランドスケープの手法を建築にもちこむという流れとして位置づけることができる。現代の建築では、そうした傾向が強い。

有名な作品としては、ｆｏａによる《横浜港大桟橋国際客船ターミナル》です。ランドスケープは大地というか人間と地面が接するところからデザインしていくわけで、建築であれば平坦であることが要求されるのですが、ランドスケープであれば必ずしもそれは要求されない。むしろ身体的な感覚として傾いていることが積極的な意味をもつことがある。環境と一体化する建築です。ｆｏａの作品は、コンピュータの導入がそうしたデザインを容易にしたということもありますが、傾いた面がいっぱいある建築です。

斜めのものは建築のなかにあると、とても異常な感じがしますが、屋外にあるときはそれほど不自然ではない。有名なシエナのカンポ広場は、すり鉢形に全体が傾斜している。それが広場の一体感を強めています。あるいは、パリの《ポンピドーセンター》。これはコンペのときにいちばん大きく広場の面積をとったのが、じつはピアノとロジャースの案でした。どうしても派手なハイテク・デザインの建築に目が向きますが、広場をいっぱいとることも重要なコンセプトです。その広場がやはりポンピドーセンターに向かって、斜めに少し傾いて、ステージのようにデザインされています。つまり、建築の枠を解除して、屋外とランドスケープや広場の造形といっしょに考えていくと、斜めの線はときどき使われています。とすれば、現代の建築デザインでは、それを効果的に導入してきたわけなのです。

# 第四章　全体／部分——ブリコラージュとパタン・ランゲージ、伽藍とバザール

## シュヴァルの理想宮

ここでは建築における全体と部分について考えたいと思います。

フランスで念願のシュヴァルの理想宮を見学しました。

リヨンから車で一時間半ぐらいの田舎に建っているので、訪れるのが大変な場所でした。これはシュヴァルという郵便配達のおじさんが、ある日、配達の途中に石を拾い、家にもちかえったことをきっかけに、ひとりでコツコツと三十年間ぐらいかけて、小さなモニュメントを建設したものです。個人宗教の神殿のようなものです。それを十九世紀末から二十世紀の頭ぐらいにかけてやるわけです。

4―1　シュヴァルの理想宮

郵便配達員の位置づけを考えると、十九世紀最初のころは、外の情報を届けてくれる人だから、その村のなかでは知的というか、偉い職業だった。しかし、鉄道などの交通や通信が発達するようになって、郵便配達夫の地位が落ちていく。シュヴァルが理想宮をつくりはじめたのは、そういう時期です。

折衷主義の時代とも重なりますが、いろいろな世界建築の情報が、こんな田舎にまでできていたのだという意味でもおもしろい。エジプトだとか、イスラムだとかアジアとか、いろいろな様式が混ざっている。当時、フランスの片田舎に、こうした断片的な情報が届いたことを確認しました。彼は、個人レベルで、建築がカタログ化した十九世紀の精神を反映させている。建築を情報の素材としてコピー&ペーストしたわけです。

世界各地の建築様式の情報を素人が知るような状況は、おそらく十八世紀ではありえなかった。やはり十九世紀には、それだけ情報が流れるようになった。つまり、彼を通して、当時の世界の知識がどのように伝達されたかも垣間見《かいまみ》えます。歴史学者のカルロ・ギンズブルグが『チーズとうじ虫』で、無名の個人を通して、ある時代の世界像を見せてくれたように、シュヴァルの作品はそういう素材にもなりえます。

シュヴァルは、建築よりも美術の世界で知られています。シュールレアリスムの系譜ですね。フランスの作家、アンドレ・ブルトン（一八九六～一九六六）が、これをいちはやく評価しました。たしかに、理想宮は、奇妙なイメージをつぎはぎしてつくられていますし、不思議な言葉がいっぱい刻まれています。言葉とモノのぬきさしならない関係は、シュールレアリスムにとって重要です。

また別の言い方では、アウトサイダー・アートにもなるでしょう。いわゆるプロではない。つまり、専門的な美術教育を受けていない人、あるいは精神的な障害を抱えた人がおこなうアートです。シュヴァルも、建築の専門教育はまったく受けていない。アウトサイダー・アーキテクチャーですね。

シュヴァルの理想宮は、じつは内部空間もつくられていて、人が入ることができる部屋のようなものがあります。つまり、いちおう建築なのです。彫刻と建築の違いを考えるときのポイントのひとつは、内部空間があるかないかです。とすれば、これは純粋な彫刻ではない。いちおう、建築といえるわけです。そしてセルフ・ビルド。つまり、専門の業者に施工を依頼するのではなく、自分でつくってしまう。絵画や彫刻はともかく、建築はある程度の大きさがあるので、なかなかたいへんなことです。施主も設計者も直接つくらないのが、常識的なパターンです。住宅の規模なら、なんとかなるでしょう。つまり、セルフ・ビルドの理想宮は、専門的な知識が何もないおじさんが、自分でコツコツと毎日石やゴミを拾って、自分でコンクリートを練って、つくりあげたわけです。

いまの日本だったら、頭のおかしなおじさんがいるといって、近所から白い目で見られるかもしれません。じっさい、これはゴミ屋敷に近いところがある。しかし、ゴミをアートに変えてしまった。あと、実物を見て思ったのは、これはグロッタの系譜だということ。グロッタというのは、ヨーロッパの庭園における、洞窟を模した人工の空間で、どろどろ溶けだしたような造形です。やはり全体的な秩序を崩すようなベクトルをもっている。彼が、グロッタを知っていたかどうかはわかりませんが。こうした文脈に置くと、それほど不思議なものではない。ただ違うのは、かつてのグロッタが、王様や貴族の娯楽のためにつくられたのにたいし、理想宮は個人が自分のためだけに黙々と制作したことです。

## ブリコラージュ

シュヴァルの理想宮について、フランスの文化人類学者クロード・レヴィ＝ストロース（一九〇八〜）が、その主著『野生の思考』（一九六二）で触れています。彼は、各地のフィールドワークを経て、近代的な科学者と器用人という二つの対比的な概念を提出しました。

前者の科学者的なモデルというのは、とにかく目的があって、それにあった計画を立案し、過不足なく必要なものを集めて、システムをつくっていく。だから全体がはっきりしている。結論というか目標を明確にして、そこからそれに必要なものを揃える。全体から部分も決定されていく。建築計画学も、これに近い立場かもしれません。

一方、器用人は日曜大工的にふるまいます。ブリコラージュ（器用仕事）です。これは明快な目標設定はされていない。ありあわせの物、身のまわりにあるものを、つぎはぎしながら、その場の状況に応じて、組み替え、制作していく。全体よりも部分が先にあるわけです。科学者がプロだとすれば、器用人はアマチュア。

レヴィ＝ストロースの議論では、モダニズムのモデルというのは、前者の計画と目標がはっきりしているタイプになる。それにたいして、一般に未開人とされる人の行動パターンというのは、いまいったブリコラージュであると位置づけています。それまでは前者が後者よりも優位に立つものだと考えられたのですが、彼はどちらかがより劣るものではなくて、別の思考の形式であると位置づけました。そういう相対化をしたのが『野生の思考』であり、構造主義と呼ばれるゆえんでもある。

彼は、ブリコラージュの事例として、シュヴァルの理想宮を挙げています。あらかじめ設計図面をひいて、見積もりをとって、いつまでに完成するという工程でつくるのではない。あたかも部分が増殖しながら、次のモデルをつくっていくかのように、シュヴァルの理想宮はできている。まさに日曜大工ですね。プロではない人が自分の仕事とは別に空いている時間を使ってつくっていたというわけで、ブリコラージュの建築なのです。

建築史家の川向正人《かわむかいまさと》（一九五〇〜）は、建築の構造主義として、オランダのアルド・ファン・アイクを挙げています。たしかに、彼は原型となる単位空間を連結させながら、建築をつくっています。ブリコラージュに関しては、アメリカの建築批評家、コーリン・ロウ（一九二〇〜九九）も、『コラージュ・シティ』（鹿島出版会）のなかで参照しています。ユートピアの都市が全体の秩序に従う計画であるのにたいし、ローマの都市では、さまざまな部分の衝突や不連続性があって、ブリコラージュ的だと述べています。ありあわせをつなげていく方法論です。またヴェルサイユと対比しながら、古代ローマのヴィラ・アドリ

4—2　ルシアン・クロール　《ルーヴァン・カトリック大学学生寮》

アーナにも触れています。前者が建築から庭園まで、全体を支配するトータル・デザインであるのにたいし、後者はそうした統一的な軸線がなく、異種の断片の集積だとみなしています。つまり、部分が増殖していく建築なのです。

**パタン・ランゲージ**

じつは、理想宮を見た翌日、ブリュッセルに向かい、ベルギーの建築家、ルシアン・クロール（一九二七〜）の《ルーヴァン・カトリック大学学生寮》を訪れました。これもずっと見たいと思っていたものです。なぜかというと、一九六〇年代後半の学生運動がさかんなころ、つまり体制への異議申し立ての時代の空気を反映した作品だと論じられているからです。

本来、建築家とは、全体から部分にいたるまで、すべてを決定する職能とされていました。しかし、ここでは住んでいる人が、空間の形成に関与していくモデルを提出しました。建築家が全知全能の計画者とはならない、参加型のプロジェクトのはしりなのです。だから、ファサードは統一性がなく、ばらばらのデザインです。ハイライトとなる視点もない。建築家の役割を変えたわけです。

ルシアン・クロールがやったのは、開放系のストラクチャーを提供することでした。骨組みとなるフレームだけはつくるのだけれども、細かい内装だとか最終的な仕上げというインフィルの要素は、住民がみずからつくることができる。全体的な秩序がすべてを決定するのではなく、それぞれの部分は自由にふるまう。ひとりの建築家では到達できない多様性をもっています。とてもにぎやかな外観です。そういう意味で、全体と部分を考えるときにとても興味深いラディカルな現代建築の先駆的な事例になっています。

ただし、プロジェクトは長い期間をかけて駅を包みこむように広域に展開したので、地域の風景のなかに根づいていました。割といい年のとり方をしている。あまり過激な感じはなくて、自然に溶けこんでいる。いや、そこはブリュッセルの郊外で、もともとそんなに場所性がないところなのですが、クロールの建築がみずから風景を生みだしていました。彼はプレハブやCAD（コンピュータ支援設計）のシステムを利用して、住民が参加するデザインのありかたも追求しています。

部分に注目した都市のモデルとしては、ウィーン出身のアメリカの建築家、クリストファー・アレクザンダー（一九三六〜）の「都市はツリーではない」（一九六五）という有名な論文があります。ツリーというのはヒエラルキーがはっきりした明快な階層構造をもった計画モデルです。いわば人工的な都市デザインです。

たとえば、全体を機能ごとに分けながら、ゾーニングされた各部分をつくるわけです。全体から部分へというベクトルが強い。上から下が決定されていく。それぞれの部分も互いに重ならない。柄谷行人は『隠喩としての建築』（講談社学術文庫）で、アレクザンダーに触れて、軍隊や官僚機構はツリー型の組織であると指摘しています。アレクザンダーは、このような人工的な構造を批判し、自然に成長した都市のモデルとして、セミ・ラティス（半格子）の組織を呈示しました。階層を横断しながら、さまざまな部分の組みあわせが生じるような関係性です。部分が固定化されないので、ほかの部分と重合し、別の集合を再編成する。全体から部分に、あるいは上位から下位へだけではない。

アレクザンダーは、論理的なプロセスでデザインを考える建築家ですが、「パタン・ランゲージ」という、一般の人が建築や都市などの空間デザインに参加するためのツールも提案しました。白紙の状態では、専門家にまかせるしかないけれど、あらかじめ空間デザインの型をいろいろ用意すれば、そこに住民が関与する余地が生まれます。みんなが共有できるツールです。ワークショップでも便利でしょう。これは全体のイメージが先になくても、まずは部分の組みあわせから考えることができる。

ルシアン・クロールは、枠組となるスケルトンをつくれば、後はお任せという感じですが、アレクザンダーの場合は、参加システムをさらに明快な論理モデルとして組み立てているのです。

## 伽藍とバザール

最後に、これは建築の専門ではないのですが、アメリカの技術者であるエリック・レイモンド（一九五七〜）の論文「伽藍《がらん》とバザール」をとりあげます。これはコンピュータのソフトの開発のはなしです。いろいろな技術者が参加して、Linuxを生みだしたことに触発されたものですが、二つのシステムのモデルとして建築のメタファーを使っているのが興味深い。

伽藍というのは、マイクロソフトのような巨大企業が利益を稼ぐ商品として開発していることを指します。たしかに大聖堂は、完成するまでにおそろしく時間のかかる、巨大な

4－3　長岡のバザール的な路上空間（上）
4－4　壮大なゴシック建築であるパリのノートルダム大聖堂（下）

プロジェクトです。逆にバザール型というのは、オープンソースとして共有できるLinuxをイメージしています。市場にバザールをつくるとき、ひとが集まって、勝手にその辺の木や柱にロープを括《くく》りつけ、テントを張ったりして、なんとなく場がつくられていく。路上の木や広場は共有のものです。そしてバザールは完成度にこだわらないから、手軽に実現できる。

要するに、バザールというのは、いろいろな技術者が集まって、オープンソースにしておいて、ちょっとずつ使いながら、悪いところを改良していくというモデルです。多少不都合があるかもしれないけれど、とりあえず使ってみようという精神です。そして世界中のプログラマーが使いながら、おかしなところに手を加え、よりいいものにする。

逆に伽藍の方は、プログラムのところは隠しておいて、企業が完璧な商品として販売する。しかし、パーフェクトな製品をつくるのはたいへんなことで、九五パーセントを一〇〇パーセントにあげていくコストや手間が莫大になる。とはいえ、欠陥品を市場に流せば、訴訟を起こされるかもしれない。一方、バザール型では、そこにさまざまなスキルをもったプログラマーが共同で参画することによって、よりいい製品がつくれるかもしれない。こうした考え方は、参加型の街づくりや都市計画にもフィードバックできるでしょう。

この話で、エリック・レイモンドを訳した評論家の山形浩生《ひろお》（一九六四〜）と対談したことがあります（第一住宅建設協会機関誌『city&life』五六号）。都市計画において、伽藍とバザールの議論を応用可能かというテーマでした。都市計画にあてはめると、僕の考えは微妙に違ってきます。

バザール型で想定される参加者は、ほんとうの意味での素人ではない。つまり、たしかにオープンソースになっているのですけれど、自分でそのプログラムを改良できるような技術をもった人です。さすがにプロでなくてもいいのですが、日曜大工ができて、セルフ・ビルドの住宅もつくれる人。街づくりというとき、ほんとうのただの市民に置き換えると、どうも違う。比喩のレベルがズレている。これを街づくりに応用するのであれば、住民といっても、ある程度は空間のリテラシーを学んだうえで関与してもらうことが必要でしょう。もちろん、パタン・ランゲージのような支援ツールも役立つかもしれません。山本理顕による群馬県邑楽町《おうらまち》役場のプロジェクトでも、直方体のユニット・フレームを設定し、それをレゴのように組み合わせることで、住民参加のデザイン・システムをつくりました（しかし、その後、町当局が山本案を破棄。事態は紛糾しています）。

# 第五章　レム・コールハース
## ――マンハッタニズム、ビッグネス、ジャンク・スペース

### マンハッタニズム

　これまでにも何回か名前が出てきましたが、オランダの建築家、レム・コールハース（一九四四〜）についてお話しします。彼は二十世紀後半のもっとも重要な建築家のひとりになることはほぼ確実な人物です。二十世紀の前半がル・コルビュジエだとすれば、その後半に次世代を担う理論的な構築をしたという意味で彼は登場しますが、ル・コルビュジエ同様に重要なキーワードをいくつも提出しました。

　まず、最初はマンハッタニズムです。『錯乱のニューヨーク』（筑摩書房）という本のなかで唱えられているキーワードです。これは出版された当初から、一部で話題になったの

ですが、僕が学生当時は絶版になったままなかなか読めず、噂だけが先行している状況がありました。そこで人づてにコピーのコピーを借りて読みました。いまは文庫版でも入手できるようになりましたが、最初に読んだとき、たいへん明快な語り口に感銘を受けたのをよく覚えています。

マンハッタニズムというのは、二十世紀前半のニューヨークの摩天楼の建築についての理論です。これはコールハースが一九七〇年代にニューヨークのＩＡＵＳ（建築都市研究所）に在籍したときのリサーチがもとになっています。この研究所は、一九七三年から八四年まで、「オポジションズ」という雑誌を出して、建築理論のもっとも先鋭的な場でした。『錯乱のニューヨーク』は、アメリカでは、ヨーロッパのモダニズムとは違う、マンハッタニズムがあったことを指摘しています。二十世紀初頭のヨーロッパでは、未来派（イタリアの芸術運動）だとか表現主義（ドイツの芸術運動が端緒）だとかロシア構成主義だとか、なんとかイズムという、いろいろなマニフェストが出てくる。それこそ新しい建築運動というのは、だいたい「われわれはこうだ」というマニフェストを掲げて、颯爽《さっそう》と登場する。そういうものの繰り返しで、とくに二十世紀前半の建築は動いていったわけです。ところが、ことアメリカでは、そういったものが出てこなかった。しかし、現実としては、明らかにとても異様な事態が進行していた。

プラグマティックな建築家は、芸術家的な建築家とは違い、自分で新しい宣言をして運動を起こさない。しかし少なくとも超高層ビルはヨーロッパではほとんどなく、アメリカの方がガンガン建った。逆にヨーロッパではなかなかそうはならないからこそ、人目を引くためになんとかイズムを掲げたのかもしれません。アメリカではイズム以前に、経済状況が新しい現実を生みだした。そこでコールハースが調べて、語らなかった摩天楼の建築家の代弁者として——マンハッタンのゴーストライターだと言っています——二十世紀前半の摩天楼で起きたできごとをマンハッタニズムとして掲げたわけです。いわば後から偽史として捏造《ねつぞう》された宣言なのです。

## 反モダニズムの論理

この議論は、突き詰めていうと、資本主義の社会において経済効率や欲望が最大限にドライブし、制限いっぱいにつくろうとしたときに起きる現象です。ヨーロッパの場合、芸術的な意志が介在して、新しいデザインが起こるのですけれど、マンハッタンではそういった意志を必要としない。無意識の運動です。たとえばコールハースは、ロックフェラーセンターは「天才なき傑作」で、究極の建築だと称賛しています。高密度化された都市が自動的に建築を生産するイメージです。ただ、そこからコールハースが料理しながら抽出するものは、とても建築的なマニフェストです。

彼は、二種類の分裂を指摘しました。

ひとつは外部と内部がバラバラになっていく。要するに摩天楼の外側のファサード・デザインと内側のプログラムが関係なくなるということ。もちろん、外観では、近代都市の新しい大聖堂として、摩天楼のアイコンが必要になります。かといって、内部は内部で、それとは別にまったく違うできごとが起きていて、両者が切り離されている。彼は、これを建築的なロボトミーという呼び方をしています。

もうひとつは、同じ高層ビルのなかでも上と下のフロアの機能が、相互にバラバラになっていることです。ときにはミックスド・ユースというか複合機能になっていく。アスレチックジムが入ったり、オフィスが入ったりと、ある意味でバラバラな用途機能がひとつの建物のなかに同時に発生するわけです。高層ビルがひとつの都市になっていく。森ビルの超高層を軸とした開発は、基本的にこれと同じ考え方です。もちろん、超高層ビルによって緑地を都市につくるという森ビルの戦略は、ル・コルビュジエの理論も下敷きにしているので、両者の合成みたいなところがあります。

マンハッタニズムを建築的に考えると、要はすべてモダニズムの裏返しなのです。つまり、近代建築が唱えていたのは、外部＝ファサードは内部の表現であらねばならない、という正直さでした。外部は内部の表出であるという機能主義です。また、ひとつの建物が複合機能をもつのは不純だし、あまりよろしくない。近代的な都市計画でも、ゾーニングによって異なる機能をそれぞれの空間に分けていくという発想です。ところが、マンハッタンでは、上下、垂直に連なることによって、本来別の場所にあるものがひとつの建物に入って複合施設として成立してしまう。自己生成する摩天楼は、制御不能な資本主義の欲望にのみこまれ、外と内の一致というモダニズムの理想が挫折することを指摘していります。そういう意味でプログラム論的にも、モダニズムを超えてしまっているわけです。

けっきょく、コールハースがやろうとしたことは、アメリカの近代を再読することでポストモダンの建築理論を提出することなのです。しかし、当時のラスベガスを観察したヴェンチューリとは違い、コールハースは、過去に遡及《そきゅう》して、つまり二十世紀前半のできごとを再発見するようなかたちで、すでに近代建築の理論を乗り越える、あるいはそのオルタナティヴがすでに同時代のマンハッタンに存在していたというわけです。

ですからマンハッタンの建築家たちは声高に叫ばなかったけれども、すさまじい経済原理によって、モダニズムをクラッシュさせてしまうポストモダン的な状況が、ニューヨークにおいて進行していたことを発見したのです。

## 空へのフロンティア、針と球の複合体

『錯乱のニューヨーク』は、とにかく物語として巧みにプロットが構成されています。マンハッタニズムが誕生する前提について、コールハースは、このように説明しています。

十九世紀初頭、マンハッタン島を二千二十八の四角い街区に分割する提案がありました。マンハッタンのグリッド（格子）は、それぞれのブロックの内部で、目一杯に巨大な建築を作るけれども、他のブロックには干渉できないというルールにつながります。

一方、二十世紀初頭のイラストで、家が建っている人工の地盤を垂直に何重にも積層させたものをとりあげて、これこそが限られた土地を最大限に活用する摩天楼の基本的な原理だと指摘しています。つまり、アメリカの西部に新しく開拓される土地、すなわち水平のフロンティアがなくなり、空にフロンティアを求めたわけです。以上、二つの条件が摩天楼の都市を生成させたのです。

コールハースは、針と球という二つのプロトタイプがマンハッタンにおける形態のパターンの両極だと論じています。針はグリッドのなかに立つ、もっとも薄く、もっとも容量の少ない構造物です。極小の土地に最大の高さを実現するわけです。

一方、球は最小の表面積で最大の容量を包む形態です。そして内部にどんな機能でも呑みこんでしまう。彼は、一八五三年の博覧会、あるいは一九三九年や一九六四年のニュー

ヨーク世界博、二十世紀初頭のコニーアイランドなど、マンハッタンの実験的な空間において、針と球のモチーフが何度も反復して登場することを指摘しています。そしてマンハッタニズムは、この二つの形態の弁証法の歴史だと述べています。摩天楼は、針と球の複合体というわけです。

『錯乱のニューヨーク』は、建築家が摩天楼のコスプレをやった「ニューヨークのスカイライン」のイベントに触れているように、ビルが主人公になった都市の物語として読むことができます。コールハースは、脚本家を志したことがあるだけに、そうした語りが抜群にうまい。

5―1　『S, M, L, XL』

**ビッグネス**

次にビッグネスの話に移りましょう。

これは一九九五年に刊行された『S, M, L, XL』という巨大な辞書のような本のなかで提唱された概念です。

本そのものがエクストラ・ラージのデカさなのですが、これは彼の作品集も兼ねていて、それぞれのサイズごとにプロジェクトを紹介しています。

ビッグネスでは、文字どおり、建築における大きさをトピックにしています。マンハッタニズムでは、枠組のなかで最大限をめざす欲望により、空間が変容していたわけですが、言いかえると、どんどん膨れ上がっていく方向性をもっていた。ビッグネスはこれをさらに突きつめて考えていったもので、建築があるスケールを超えて巨大化していくと、もはや古い建築のモラルはふっとんでしまうといっています。たとえば、古典主義の建築がもっている、人間の身体をベースにしたヒューマニズムを超えてしまう。

もちろん、内部と外部を一致させるような近代建築の倫理観もふっとぶ。巨大化すると、外部は制御不能。ファサードという概念が無効になるのです。資本主義のロジックでドライブさせると、建築は巨大な空間を志向し、ひたすら内部に向かう。

外観のデザインを整えるというのは、古典的な美学にもとづく建築家の仕事として歴史的につづいていました。しかし、それは巨大資本主義の建築にとって、なんの効力ももたない。つまり、ある大きさを超えてしまうと、もはやそんなことはどうでもよくなって、別の次元に突入するのです。たとえば、プロポーションが美しいといった重要な価値判断も凌駕《りょうが》する。デカすぎて、細かい比例などわからない。構成原理も無効になる。おそらく旧来の建築計画学も通用しない。善悪の彼岸のそのまた彼方にとんでいく、そういったイメージをここで描き出しているのです。

アメリカ版の映画「ゴジラ」で"size does matter"というキャッチフレーズがありましたが、まさに大きさがモノをいう。これはたんに大きな建築ではありません。巨大になったとき、古い意味での建築ではない何かに変容しているのです。それは建築と都市の中間体のようなものかもしれません。

建築《アーキテクチャー》という言葉には、ただの建物《ビルディング》にある理念を投入したものという意味で、古典的な美学が張りついていると思いますが、ビッグネスでは、むしろビルディングに回帰している。しかし、ただのビルディングでもない。巨大化することで、異様なものになっている。六〇年代に流行したアンビルト系のメガストラクチャーのプロジェクトは、素朴に建築を拡大すれば都市がつくれる、と考えていたように思います。建築の延長としての都市です。丹下健三（一九一三〜二〇〇五）の《東京計画1960》やメタボリズム（これについては第九章で後述します）のアイデアはそうだった。しかし、コールハースのビッグネスは、大きさが質そのものを変えてしまうわけです。

コールハースは、いつもある意味で偽悪的な人物を演じており、良識派の人からすれば、眉をひそめるようなことをあえて言いつづけるのですけれど、ビッグネスも古い建築

5―2　《東京計画1960》のパネル模型

の価値観をすべてあざ笑うものです。たとえば、現代のグローバリズムや資本主義は、建築家の役割を否定していく部分があると思います。効率化や巨大化が優先されるからです。ふつうの建築家は、そうした事態を恐れて、保守的な芸術の世界にひきとめようとするのにたいし、彼はその彼方の風景を想像しているのです。

かつてバブル経済が日本ではなやかなりしころ、やはり建築が消費されていると批判されましたが、伊東豊雄が逆に、「消費の海に浸らずして新しい建築はない」と宣言した立場と似ているかもしれません。泳ぎきった対岸に新しい世界が広がっているかもしれない、というわけです。

またビッグネスは、十八世紀に提出され

た崇高性、サブライムの概念につながるように思います。人間を超えたものを畏怖するような感覚ですね。当時、古典主義の枠組を超えて、メガロマニア（誇大妄想的）な建築のドローイングが描かれたのも、そうした背景がありました。険しい山を美の対象として発見していくのも、サブライムにつながる感覚です。ビッグネスは、資本主義が生みだした人工的なアルプスの山といえるかもしれません。むろん、彼は「美しい」という言葉を否定するでしょうが。

## 計画概念が無効になるとき

コールハースは、『錯乱のニューヨーク』や『S, M, L, XL』などで、刺激的な理論を発表していますが、たしかに、建築家というよりは、社会学者のような分析が多いので、突き放されているような印象も受けます。ル・コルビュジエの都市論ほど明快なわけでもありません。プログラム論に踏みこむと、建築家の自由がきかないところがあります。自分がクライアントではないので。ただ、コールハースの場合は、むしろ職業を拡張していて、ただ設計するだけではなくて、ほとんどコンサルティングみたいなことも仕事としてやっています。たとえば、オランダのスキポール空港のコンサルティングみたいなことを手がけています。それで、設計よりも儲かるということに気がついたようです。

彼は、必ずしもすべてのプロジェクトが設計に回収される必要もないと思っているようです。リサーチを積み重ねていく。グローバルな資本主義の時代では建築と都市が変容して、芸術家を気取る英雄的な建築家は時代遅れだと宣言しているかのようです。ただ、プラダのプロジェクトでは、企業戦略から広告やマーケティングなども提案し、最終的にはアメリカで実験的な店舗の設計もおこなっています。おそらくそれが理想形だと思うのですが、なかなか高層ビルのプロジェクトはない。与えられた建築のプログラムをドライブさせて、形態を生成させる手法は、弟子筋にあたるオランダの建築家集団MVRDVにも引き継がれています。

システムの肥大化が新しい事態を招くというヴィジョンは、二〇〇〇年に刊行された『MUTATIONS』(変異)における西アフリカ(ナイジェリア)の巨大都市ラゴスの分析でも認められます。近代の都市計画は機能主義にもとづいて、居住、労働、余暇などの目的ごとに場所を区分けしました。ラゴスにもビルや高速道路が存在し、一見、近代的な都市のように見えます。しかし、彼の紹介によると、渋滞した高速道路を多くの人間が歩いており、風景は完全に混乱しています。交通のインフラストラクチャーも未完のままで、都市が機能不全を起こしているかのようです。少なくとも近代都市の理論でつくられたのに、想定された使われ方がまったくなされていない。

にもかかわらず、ラゴスは機能していると、コールハースはいう。計画者ではなく、使用者の立場から巨大都市が発生しているからです。たとえば、建設が放棄された高架道路のランプ（入出路）は、人びとに占拠され、市場や倉庫として有効に使われ、都市を活性化させています。こうした事例をもとにコールハースは述べます。ラゴスは近代化の途上にあるのではない、アフリカ的な方法ですでに近代化を遂げている、と。しかし、それはたんなるもうひとつの近代でもない。彼は、ラゴスがわれわれに追いつくのではなく、われわれがラゴスを追いかけるのではないかと述べています。計画概念が無効になった究極の巨大都市。コールハースの言葉は、予言的な響きをもっています。

## ジェネリック・シティとジャンク・スペース

コールハースの著書『S, M, L, XL』では、世界中に増える無個性な国際都市を「ジェネリック・シティ」と呼んでいます。これは「無印都市」などと訳されています。どこにでもある都市、しかも歴史がなくてつねに更新されるような都市です。たとえば、シンガポールを挙げて、三十年でほぼすべての建築がとりかえられてしまうと述べています。考えてみると、人間の人生よりも短いわけです。

ジェネリック・シティのモデルとしてもっとも近いのは、空港といえるかもしれません。空港というのは世界中にありますが、あまり地域性がなくて、どこもだいたい似たような風景が広がっています。同じようなブランドの免税店が順列組みあわせで、並んでいるからです。いってみれば、ジェネリック・シティとは、都市の空港化です。じっさい、九〇年代くらいからグローバル化にともなって空港というのは都市のモデルとして注目されています。

これにつながるキーワードとして、「ジャンク・スペース」が挙げられると思います。これはコールハースがハーヴァードの学生たちといっしょにリサーチをやった『ショッピング』という本のなかで唱えられた概念です。マンハッタニズムもビッグネスも全部ひっくるめて入っている概念だと思うのですけれど、ジャンク・フードならぬジャンク・スペースなわけです。近代化が遂行されたあげく、ジャンク・スペースという残余物で世界が覆われるという、黙示録的な風景を描き出しています。これはほとんどアメリカ型の資本主義が蔓延《まんえん》したときに出てくる終わりの風景でしょう。イメージしやすい例を挙げるとしたら、要は延々とつづく大型のショッピング・モールのような世界でしょうか。

ジャンク・スペースを成立させるものとして、もちろん資本主義の経済が必要ですが、コールハースは、建築的な装置として、エスカレータとエアコンなどの技術的な要因を挙げます。プラスチック素材で覆われた内装もそうです。だから、環境が制御された大きな吹き抜けにエスカレータがつづく百貨店だとか巨大商業施設などを想像してもらうといいと思います。

それまでの建築は基本的にはフロアごとに切れていたのにたいし、エスカレータがあれば、空間がスムーズに連続します。壁も固定されたものではなく、状況に応じて組み換えができるパーティションなのです。つまり、ジャンク・スペースのイメージは、空間が水平方向だけではなく、垂直方向にもズルズルとつながっているイメージなのです。

しかも、そこには外部がない。人工的な室内環境です。内部だけが漠然と広がっている。そこは吐き気がするぐらいありとあらゆる商品にまみれていて、消費者たちがショッピング・カートで買い物をするという風景。そしてインテリアのデザインは流行にあわせて、随時更新されていく。ですから、この概念はとくにアメリカの郊外のきっと巨大なショッピング・センターから触発されて出てきていると思うのです。

もうひとつ僕がおもしろいなと思ったのは、エアコンを挙げていることです。エアコンというのも二十世紀になって出てきた装置です。ジャンク・スペース論がおもしろいのは、わりと建築の設備に注目していることで、こういったタイプの建築論で設備に着目するのは珍しいと思います。

空間をつなげていくのが、エスカレータだとすれば、エアコンは人工環境を生みだすも

5—3　ヘルムート・ヤーンによるシカゴの《オヘア空港》（上）
5—4　ジョン・ジャーディによる巨大商業施設《上海正大広場》（下）

のです。換気のための窓が不要になります。ジェネリック・シティは場所性をなくすことにもつながっていて、どんな暑い場所、どんな寒い場所にも、同じように建物を建てることができます。昔の建築であれば、気候によって開口部の形状が変わるはずです。しかし、エアコンがあれば、室内の環境が完全にコントロールできます。そこは閉じた内部空間となり、資本主義の楽園となるわけです。

## 環境のコントロール、そしてゾンビ

エアコンとは、空気をコントロールする装置です。建築の人ではないのですが、ペーター・スローターダイク（一九四七〜）というドイツのポストモダンの哲学者が、『空震』（御茶の水書房）というおもしろい本を書いています。

これは技術論ですが、彼によれば、一九一五年、第一次世界大戦のときにドイツ軍が毒ガスの雲をはじめて使用して、フランス軍に多大な被害を与えたときに二十世紀が始まったという。つまり、空気の状態をコントロールすることにより相手を攻撃したことに注目するわけです。

それまでの戦争というのは、直接的な身体を狙っていた。つまり、剣であろうと、銃や大砲であろうと、敵の身体に物理的なダメージを与えることが攻撃でした。ところが、毒ガス雲というのは、身体ではなくて、その身体の生命を支える環境そのものを標的としているところが決定的に新しい。すなわち、生命の条件というべき環境の方を変えてやると、相手が死んでしまう。

もともと毒ガスは、最初から戦争兵器として開発されたわけではなくて、害虫駆除のガスの製品デザインとして生まれたものです。しかし、よく知られているように、やがてユダヤ人の大量虐殺にも使われます。害虫駆除のガスがさらに純粋に機能主義的に使われ、しかも閉ざされた建築空間と一体化することで、人種を絶滅させる強制収容所が誕生するわけです。考えてみると、ジャンク・スペースの商業空間も、これと紙一重かもしれません。もしエアコンに毒ガスが混入されると、同じ機能を果たしてしまう。

スローターダイクは、毒ガスを起点にして、そういった大気をコントロールする環境の思想が、二十世紀の新しい問題系として浮上したということを指摘しています。たとえば、ブダペストの空襲も、直接焼夷弾《しょういだん》で人間を焼くというよりは、焼夷弾をいっぱい落とすことで火災を巻き起こし、空気中の水分を全部取ってしまう。その結果、空襲で死んだ人はミイラ状態だったらしい。焼けて死んだのではなくて、水分を奪われたのです。原爆も破壊だけではなく、けっきょくは空気中に放射能をまき散らす兵器です。さらに、雷を人工的に起こす天候兵器というのをアメリカが研究しているそうです。

『空震』は、大気や分子構造すらもデザイン対象になっていくという二十世紀のテクノロジーのダークサイドを、鋭くえぐっている本です。レム・コールハースが、エアコンという装置の登場が二十世紀の建築空間にとって重要な意味をもっていることを指摘したのと重ねあわせて考えることができると思います。

ともあれ、エアコンは、場所性をなくしてしまうだけではなく、外部がなくなって、巨大な内部空間に人がうごめいているような状態をもたらします。また、いわゆる古典的な意味での建築の壁もなくなって、いつでも置き換え可能なパーティションに変わっています。チューブのようにつながった資本主義の空間です。これは奇妙に明るくて、どこか恐ろしい世界ではないでしょうか。

消費の収容所——要するに自発的に資本主義に囲われた人が、もはや外部の場所すら求めない、そのなかで満足してしまうような一種の楽園。しかし、それは皮肉なことに、どこか強制収容所と似ている。そういう意味でジャンク・スペース論は、二十世紀の資本主義の彼方に生まれる究極の風景なのです。

これでまたもうひとつ思い出した別のエピソードがあります。「ゾンビ」というホラー映画です。二〇〇四年にリメイクされたのですが、オリジナルのジョージ・A・ロメロ監督の「ゾンビ」(一九七八)には、こんなシーンが登場します。アメリカ市民がゾンビになっても、ショッピング・モールに集まって、ずっとうごめいているのです。これはただのホラー映画ではなく、アメリカの資本主義への風刺が入っていると思うのですけれど、その舞台をショッピング・センターにしたのは、非常に鋭い。

死んでもなお資本主義から解放されない。永遠にショッピング・モール、すなわちジャンク・スペースの囚《とら》われ人なのです。ものすごく恐ろしい黙示録的な風景を一九七〇年代の映画で描いている。コールハースのジャンク・スペースから、ゾンビを思い出しました。

# 第二部　住むこと、そしてという空間

# 第六章　住宅建築——無意識の深層へ

## 巣としての住宅

一九九〇年代以降、住宅をめぐって、二つの引き裂かれた動きが同時進行しています。ひとつは主に新しい世代の建築家が住宅を外部に開いていく試みです。たとえば、アトリエ・ワンは、安藤忠雄の《住吉の長屋》がコンクリートの壁で外界と遮断して、その内部に至福の空間を生成するようなやりかたを批判し、住宅を都市と接続させるべきだと言っています。

しかし、その一方で、居住空間をより強固に閉じようとする傾向も強くなっているのです。欧米や日本では、セキュリティの業界が大きく売り上げをのばしました。ロンドンでは、ＩＲＡ（アイルランド共和軍）のテロの標的にならないよう、目立たないデザインが推奨されました。とくにアメリカでは、ゲーテッド・コミュニティと呼ばれる、裕福な住民のための周囲と隔離された街が出現しました。日本もこれに追随しています。犯罪への恐怖から、住居の防御機能が異常に肥大化している。さらに情報テクノロジーの進化が、そこに積極的に介入しています。とはいえ、そもそも住宅の起源をたどれば、外界の敵から身を守ることが求められていた。つまり、ある意味では、先祖返りのような事態が起きているのです。

起源としての住宅は、おそらく動物の巣と似たようなものといえるでしょう。カフカの寓意《ぐうい》的な小説『巣穴』は、動物が見知らぬ敵を恐れ、攻撃不可能な巣をひたすらつくろうとする物語です。しかし、安心できる究極の空間を過剰に求めても、完璧な防御などありえるわけもなく、かえって不安を増長させるのみでしょう。ベルナール・ウエルベルの小説『蟻《あり》』（ジャンニ・コミュニケーションズ）も、赤アリの都市ベル・オ・カンを舞台にしていますが、やはり巨大な地下要塞《ようさい》都市として描かれています。

## 安らぎを求める住み手の欲望

巣的な住宅とは、外観よりも、内部を優先させた空間といえるかもしれません。長谷川堯《たかし》（一九三七〜）は、その著作『生きものの建築学』（講談社学術文庫）において、動物の巣と建築の関係を考察しつつ、こう述べています。

……無粋な、気味悪げな外形をもつ動物の巣も（しかし見方を変えると非常に美しいものでもあることは後述する）、ひとたびその内部を観察してみると、それはきわめて機能的であり、……非常に快適な内的空間がつくり出されていることに気付くのである。

長谷川によれば、ガウディの建築がそれに近いというのです。

彼は、モニュメントとしてそびえる男性的な建築を嫌い、豊かな内部をもつ女性的な空間を重視した評論家ですから、巣的なものに惹かれたのも、頷《うなず》けます。また彼は、《住吉の長屋》のような建築をボックス型と呼んで、「動物の巣の特質に共通するような非常に防御的な姿勢をもって立ち、外部のそっけなさに対して、内部空間に思いがけない変化をもつ点に特色がある」（前掲書）と指摘していました。東孝光《あずまたかみつ》（一九三三〜）の《塔の家》（一九六六）、菊竹清訓《きくたけきよのり》（一九二八〜）の《スカイハウス》（一九五八）、伊東豊雄の《中野本町の家》など、都市にたいして閉じた住宅も、巣のようだといえるでしょう。もっとも、前述のアトリエ・ワンは、趣味的な住宅を提唱しており、住人がお好みのアイテムをまとう

6－1　アントニオ・ガウディ《カサ・ミラ》（上）
6－2　東孝光《塔の家》（下）

状態も、巣的と考えられるかもしれません。

他の空間論を見てみます。

ガストン・バシュラールは『空間の詩学』（ちくま学芸文庫）において、家のなかで幸福を意識すると、安全な巣にひそむ動物と比較しないではいられないといいます。なるほど、「愛の巣」といった決まり文句も、二人だけで引きこもり、誰にも邪魔されない空間のイメージがある。ボルノウの『人間と空間』（せりか書房）も、やすらぎの空間として家屋を挙げながら、「現代の大都市が人工的なセメントの山岳地帯になってゆくほど」、居住空間の穴ぐら的な性格は強まっているといいます。もちろん、人間のもとの住まいは穴ぐらでした。しかし、高層マンションの各部屋も、隣に何があるかわからない。いわば穴ぐらのような空間です。地表に高く突き出しているけれども、地中の穴ぐらがひっくりかえったのと同じです。ここでも外部は関係ありません。内部が重要なのです。

ところで、住まいを考察しながら巣に注目した長谷川、バシュラール、ボルノウの三人に共通するのは、建築の専門家ではないことです。長谷川は文学部を卒業して建築評論をはじめた。バシュラールは詩人かつ哲学者であり、ボルノウは物理学を学んだ後、哲学・教育の先生になりました。それゆえ、彼らの視点は建築家側ではなくて、明らかに居住者寄りです。とすれば、巣の思考は、安らぎを求める住み手の欲望を直接的に反映させたものなのです。

## ハイデッガーは説く

そもそも住まうとは、いかなることでしょうか。

それがどんな形態をとるにせよ、およそ居住に無縁な人間はいません。当然のことですが、生きるということは、どこかに住むということです。そしてハイデッガーにならっていえば、住むことと建てることは一致していました。すなわち、古ドイツ語の建てる＝「Buan」は、住むことも意味します。また「Bin」＝存在するという言葉は、建てるの古語に由来しています。彼によれば、人間が大地の上にいるということは、「Buan」であり、住まうことなのです。

かくして「住まうことは、実存の基本的原理」となるでしょう。でも、彼は二十世紀の居住のありかたをこう批判します。

> 家はほとんど、住むための単なる器になってしまいます。しかしながら家は、住むことを通して初めて家になるのです。
>
> （ハイデッガー「ヘーベル――家の友」／『ハイデッガー全集』第十三巻、創文社）

ハイデッガーによれば、人間が住むということは詩的なことであるのに、いまや人びとは詩的に住まってはいないという。

住宅はもっとも基本的な建築です。美術館やスタジアムなど、住宅以外の建築は、社会が要請するものですが、家だけは個人のレベルで必要です。しかし、都市が全域化する時代にあって、人口が過密になると、誰もが戸建ての家に住むというわけにはいきません。たとえ、住むことができたとしても、現代社会では、もはや住むことと建てることは分裂しています。ほとんどの人にとって、住宅は「購入」するか「賃借」するものです。なにしろ住宅が展示され、それをショーケースのように眺める時代です。けっきょく、ただの商品か、不動産にすぎない。じつはホームレスと呼ばれる人たちこそが、みずからの手でダンボールハウスを建設しているのは皮肉です。

でも、逆に二十世紀は「建てること、住むこと、考えること」を文字どおりに、ひとりで試みる特殊な事例も発生しました。建築家の自邸です。これは同じ人間が思考し、建設に携わり、そこに居住するという希有《けう》な事例です。自邸というジャンルを文学にたとえると、私小説、あるいは自伝といえるかもしれません。

6－3　ダンボールハウス　名古屋

6－4　ジュリオ・ロマーノの自邸

## 「私の家」という現象

自邸は二十世紀の建築家にとって、もっとも重要なマニフェストの装置でした。

建築家の自邸は、まだ仕事の少ない、独立して間もないころに設計されるので、初期の代表作となることが多い。いうまでもなく、自分の家ならば、施主の意向に左右されず、好きなことをできる。ですから、考えることを建てることに結びつけやすい。文句をいわれず、実験的なデザインを試みることができる。まさに観念を実体化することが可能となる貴重な仕事なのです。問題は経済的な条件だけでしょう。

有名な自邸をいくつか挙げましょう。日本では初期のRC（鉄筋コンクリート）造による《アントニン・レーモンド自邸》（一九二三）、大胆な形態的実験による《メルニコフの自邸》（一九二七～二九）、伝統からの離脱をはかった《ヤコブセンの自邸》（一九二八）、バウハウスの造型原理を導入した《グロピウスの自邸》（一九三七）、既存の素材を編集したポップなプレハブによる《イームズの自邸》（一九四九）、ミース・ファン・デル・ローエへのオマージュでもあるフィリップ・ジョンソンの《ガラスハウス》（一九四九）、実物大のエスキス模型のように何度も手を入れた《ルイス・バラガンの自邸》、メタボリズムの思想を示した菊竹清訓の《スカイハウス》、そして都市居住への格闘を身をもって表現した東孝光の《塔の家》などがよく知られています。

建築にかかわる者であれば、数々のエピソードに彩られた、これらの自邸の映像が蘇ることでしょう。建築家が自邸を設計し、世にその存在を問うということは、二十世紀の建築に顕著な事象として特筆すべきことなのです。むろん、過去にも知られるかぎりでは、マニエリスムの構成原理を披露するジュリオ・ロマーノ（一四九九〜一五四六）の自邸（一五四四年頃）や、特異な造型感覚を凝縮した《ジョン・ソーンの自邸》（一八一二）などが建てられています。またアメリカの独立宣言の起草者であり、大統領にまでなった、トマス・ジェファーソン（一七四三〜一八二六）も自邸（一七六八〜八二）を設計しています。国家と建築のアイデンティティの両方を示したわけです。

しかし、二十世紀以前では、その自邸がどんなものか、あるいは本人が設計したかどうかさえ、わからない建築家の方が圧倒的に多いのです。そもそも豪邸や宮殿、別荘のたぐいではなく、ふつうの個人住宅が作家性を表現する建築の主題になったのは、近代以降の現象のはず。付言すれば、住宅作品は、メディア、すなわち近代以降の建築雑誌の介在なしには、その重要性が認識されえないものです。誰にでも開かれた都市の公共建築ならともかく、個人住宅は必ずしも見やすい場所にあるわけではない。ましてやプライベートな場だから、内部を見学できる機会はめったにない。

建築界の慣習では、オープンハウスといって、クライアントが住みはじめる前、関係者にだけお披露目をすることがあります。したがって、多くの人は、有名な住宅もメディアを通してしか知らない。それでもわれわれは、ミース・ファン・デル・ローエやル・コルビュジエの住宅を共通の知識として身近なもののように語るのです。ゆえに、建築家の自邸は、プライベートなものでありながら、逆説的に建築界のパブリックなものとしてふるまうのです。これも近代以降に発生した特有の現象といえるでしょう。

ところで、戦後の日本は積極的な持ち家政策もあり、中産階級であろうとも、小さな家を建てるのが重要な目標とされてきました。西欧やアジアならば、集合住宅が中心であり、アメリカならば、もっと家は大きい。そうした意味で世界的に見ると、日本の小住宅は独自の発展をしています。

海外の建築家の自邸では、過激な増改築を継続したフランク・ゲーリー邸のように、イノベーションが少なくない。つまり、新築のウサギ小屋は、日本固有の文化なのです。おかげで日本の建築家は、若いころから実作にたずさわり、経験を積み、世界に羽ばたくことができました。じっさい、自邸の傑作は、丹下健三、清家清《せいけきよし》（一九一八～二〇〇五）、原広司《ひろし》（一九三六～）から、藤森照信（一九四六～）、石山修武《おさむ》（一九四四～）、五十嵐淳らにいたるまで、日本に多いように思います。

## 小さな家

二つの対極的な住宅の原型を考察しましょう。

十八世紀という理性の時代にM・A・ロージエ（一七一三～六九）が想像した原始の小屋は、屹立《きつりつ》する柱で構築された、男根中心主義の産物です。一方、建築から抑圧されてきたもうひとつの原始の空間、すなわちアンフォルムな洞窟は、その入り口が大地の裂け目であるがゆえに、おそらく女性器を想像させます。また、内部の居住空間は母なる大地の胎内とみなせるでしょう。

西洋の建築史は、前者をベースにしながら発展しました。ちなみにE・H・エリクソンは、一九五〇年代に男女の構想する空間を調査し、女性は（内部的な）インテリアを、男性は（外部的な）塔状の形態をつくる傾向を読みとり、それを男女の性器に起因するものと結論づけています。

ボルノウは、「家屋をある観点では拡大された身体とみることができる」と述べます。そして人間は、自分を家屋と同一視し、家屋と融合しているといいます。とすれば、建築家の自邸は、その作家性をもっとも発揮するのも当然といえるでしょう。たいへんにベタですが、ユングは、窓を目、塔を耳、暖炉を胃とみなし、身体と家とを比較するヘブライの百科事典も紹介していました。一方、ヒッチコックの「サイコ」（一九六〇）において、ノーマンが多重人格になってしまうのは、死去した母の家に同化したからでしょう。親族の家も興味深いテーマです。建築家は、自邸の次に家族や親戚から仕事がくることが多いのですが、とくに母の家をつくる場合、思い入れがあるのではないでしょうか。

じっさい、いくつかの有名な母の家があります。たとえば、ル・コルビュジエは、故郷のスイスにおいて二度両親の家を建てています。一度目は、東方への旅の直後の一九一二年です。このときはためらいがちに、鉄筋コンクリートの構造の上に木造の小屋組をのせています。二度目は、一九二三年のモダニズムの細長い箱です。これはル・コルビュジエの美しい本『小さな家』（一九五四）で紹介されました。一軒の家のために、一冊の本が刊行されたのです。思い入れのほどがわかるでしょう。彼は、「この小さな家は、長年にわたって働き続けた私の両親の老後の安らぎの日日を想定したものである」と述懐しています。

自然を愛した父と音楽家の母への贈り物としての住宅。だが、父はすぐに亡くなり、実質的には母の家となりました。『小さな家』の最後には、九十一歳の誕生日を祝した母のスケッチを掲載しています。そして「わが母はこの太陽、かの月、あの山々、この湖、そしてこの家を統《す》べ括る」と記します。母のイメージは、自然と融合した家に重ねあわせられているのです。建設当初、これは「住むための機械」として構想され、「自然に対する冒瀆《ぼうとく》」として地元で非難されたらしいのですが、現在から考えると信じられません。小さな家には、老いた親を包みこむ、やさしさがみなぎっています。

## ポストモダンと母の家

モダニズムの男性原理に対抗するかのように、ポストモダン建築のメルクマールとなった二つの「母の家」があります。ヴェンチューリの《母の家》(一九六二)と毛綱毅曠《もづなきこう》(一九四一〜)の《反住器》(一九七二)です。

自邸と同様、建築家は活動の初期に両親の家を設計します。なるほど、女性の方が男性よりも長生きだから、母の家をつくる機会の方が多くなるかもしれません。たしかに父の家と呼ばれる住宅作品はないようです。父親は家計を支える「大黒柱」としては認識されますが、住宅そのものは包むという要素ゆえに、母の方がふさわしい。とくに建築家が男性の場合、それ以上に特別な意味を母の家に読むことができるかもしれません。

詩人ミロシェの一節、「僕はお母さまという。そして僕が思うのはあなたです。おお家よ。ぼくの幼年期の美しいくらい夏の家」をひくまでもなく、しばしば家と母のイメージは結合します。またユングは、恐妻家の夫がその家と妻を同一視する漫画を紹介していますす。この場合、妻は強い母に置き換え可能でしょう。家は母性を帯びている。

ヴェンチューリの《母の家》にたいして、建築評論家の飯島洋一（一九五九〜）は、作品集において母親がその家の前に座る写真が頻繁に使われることを挙げて、当時の強い「アメリカの母親像」、あるいは父の不在と「ペニスを持った母親」を象徴すると指摘しています（「母の家　ロバート・ヴェンチューリと60年代」／『アメリカ建築のアルケオロジー』所収、青土社）。

これは少し深読みではないかと思うのですが、母親が男性化すると、息子は不在の母を演じ、自己を愛するナルシズム的傾向に陥り、大人になっても子どもへの退行が認められるという彼の指摘は興味深いものがあります。たしかに子どもの描く、原初的な家のイメージがヴェンチューリの作品の大枠、すなわち第一印象を規定しているからです。この住宅は、三角屋根のモチーフをのせており、単純な家型をもっています。

ヴェンチューリの《母の家》は、父の遺産で敷地を購入して建てたものです。彼の主著『建築の多様性と対立性』（一九六六）の理論を実践するために、過去の建築を引用したり、複雑な形態の操作をおこなったりして、ポストモダン建築の皮切りになった作品です。なるほど、排他的ではなく、包含的であることを掲げたポストモダンの指針は、母性的なものと響きあいます。

ちなみに、アリス・フリードマンは、女性クライアントの住宅を分析した研究書において、《母の家》を分析し、意匠だけではなく、機能的にもよく考えられていると強調しています。そして古い家具を愛好し、フェミニストで反戦主義者の母は、ヴェンチューリに文化的な影響を与え、二人の趣味が表現されているといいます。ひとりっ子のヴェンチューリは、マニフェストのためではなく、心の底から母のためにこの住宅を設計したのです。彼自身二階に住み、結婚後もしばらくいたそうです。ポストモダンの傑作は、母と子の融合から生まれたのです。

## 住宅を精神分析する

細部を観察すると、ヴェンチューリと毛綱毅曠の両作品は、ナルシズムにも通じる自意識過剰な傾向をもっています。いずれも、マニエリスティックな形態操作が共通していますす。前者は『建築の多様性と対立性』の理論を応用した作品ですし、後者は複雑な入れ子構造の住宅です。《反住器》は、「マザー・グースのなかの、入れ子細工のようになった家の中に漂う魂をうたった唄」を意識して、三重の立方体から構成されています。また雲の流れを眺めたいという母の願いをかなえるために、半分ガラス張りの箱を通して寝室から空が見えます。僕は、母の家への特別な思い入れはないのかという疑問を毛綱毅曠にぶつけたことがあるのですが、そのときの答えは、こうでした。

――特別にはないですが、無意識にはあるのでしょう。なにしろ腹の中から出てきたのですからね。あの住宅が立体の胎蔵界マンダラであるのは意味をもつかもしれません。

建築家は母の身体から生まれたのだから、かつて母の内部に包まれていたのです。しかし、建築家が母の家を設計すると、今度はその家が母親を包む。よく考えてみると、母と子が、相互に入れ子になった複雑な関係なのです。

住宅は〈私〉の意識についてのメタファーでもあります。

たとえば、S・ジジェク監修の『ヒッチコックによるラカン』（トレヴィル）によれば、先にも触れた「サイコ」に出てくるノーマンの家は次のように分析することが可能です。一階はノーマンの自我、二階は超自我、地下室はエス（イド）というふうに。つまり、垂直方向の空間構造に対応しているわけです。

ユングは、二階に十八世紀ふうの家具が置かれ、一階は十六世紀のもの、地下室はローマ時代の壁をもち、さらにその下に先史時代の洞窟が埋まっているという夢を見ていますす（『人間と象徴』河出書房新社）。これを彼は魂の構造と呼んでいます。また地下室には恐怖と無意識のイメージが重なります。

同様にバシュラールも、家を鉛直の存在として想像しており、屋根の合理性と地下室の非合理性を対比しています（『空間の詩学』思潮社）。精神と住宅の構造がみごとに符合します。

しかし、住宅が精神の構造に似ているのではなくて、むしろわれわれは住宅の構造に合わせて精神を分析していると考えたほうがよいかもしれません。無意識を発見した精神分析もまた、すぐれて二十世紀を特徴づける思想でした。そのさいにモデルとされたのが、十九世紀末に規範とされた家族像であり、すでに確立していたヨーロッパの家屋であったとしても不思議ではありません。じっさい、非西洋圏の住宅では、平屋が多く、垂直構造を得ることがむずかしいのですから。

## 不気味なもの

最後に住宅のイメージを反転させる考え方を紹介しましょう。

フロイトが「不気味なもの」にたいする興味深い分析をしています。ドイツ語のheimlich（家にいて、なじみのあるもの）を辞典で調べると、最初はくつろげるなどの意味がつづくのですが、最後のほうになると、隠された秘密の場所といった意味が登場し、反対語のunheimlich（不気味なもの）に限りなく近づく。つまり、慣れ親しんだ空間の奥にこそ、抑圧された恐ろしいものが潜んでおり、不気味な場所に変容するというのです。お化け屋敷がその典型ですが、恐怖を演出するうえで、住宅は重要な役割を果たしています。安心な場所のメタファーであるはずの家が、逆に落ちつかない空間になってしまうのは、ホラー映画でもよく使われるプロットです。たとえば、「ポルターガイスト」や「ハウス」のほか、「シャイニング」の静謐《せいひつ》な狂気を秘めたホテル、あるいは「呪怨《じゅおん》」のシリーズに登場するとり憑《つ》かれた家などが思い出されます。

キム・ジウン監督の映画「箪笥」（二〇〇四）は、ソウル郊外の一軒家に住む、美しい姉妹と冷酷な継母のあいだに起きる凄惨な事件を描いていました。ここでも、二階の妹の部屋の箪笥に隠された恐怖が物語の鍵です。みずからの内部にこそ恐ろしいものがあるという構造は、「箪笥」の登場人物にも当てはまる。しかし、主人公はそれに気づかず、出口のない住宅をさまようように、偽の記憶の反復に閉じこめられてしまう。箪笥は不気味な場所であるとともに、抑圧された記憶の象徴にもなっています。いがらしみきおの漫画『Sink』も、郊外の凡庸な建売り住宅を舞台としながら、少しずつ世界の秩序が崩れていくのですが、やはりほんとうの恐怖は外部ではなく、日常的な風景の内部にひそんでいます。ともあれ、フロイトの分析が興味深いのは、空間論的・場所論的にも読めるところです。

建築評論家であり、建築史家でもあるアンソニー・ヴィドラーは、その著作『不気味な建築』（鹿島出版会）において、フロイトの理論を引用しつつ、精神分析的なアプローチによって現代建築の特徴を論じています。

たとえば、かつて古典主義の建築は美しい比例を理想とし、人体と重ねあわせて考えられていたのですが、ダニエル・リベスキンドやコープ・ヒンメルブラウなど、激しく歪んだり、唐突に切断されたような造形の建築が登場したりして、いまやバラバラになった身体がモデルになっていると指摘しました。

じっさい、こうした建築は、ディコンストラクティヴィズムと呼ばれ、統一された調和した世界観ではなく、さまざまな矛盾を抱え、不安定な世界観を反映したものです。ヴィドラーは、ファサード＝顔を失なった建築についても考察しています。また近代以前の都市は、モニュメントが配置されることで、さまざまな歴史を空間に刻みこんでいたけれど、現代都市は記憶を喪失しているというのです。

# 第七章　身体――柱からモビルスーツへ

## ドリス式は男、イオニア式は女

建築における身体の問題を見ていきます。

まず建築の起源として、一本の柱が原野に立つという風景がしばしば想像されていま す。たとえば、先史時代の遺跡、スタンディング・ストーン（立石）。秋田県大湯遺跡や英国のストーンヘンジが典型的です。隈《くま》研吾（一九五四〜）や藤森照信の建築論も、そうした考えをもっていいます。これは直立する人間の姿や男根と重ねあわせることができます。

じっさい、西洋の場合、ギリシアに始まる古典主義の建築において、柱を身体になぞらえる考え方、あるいは建物全体を身体と結びつけるという視点が出てきます。これは要す

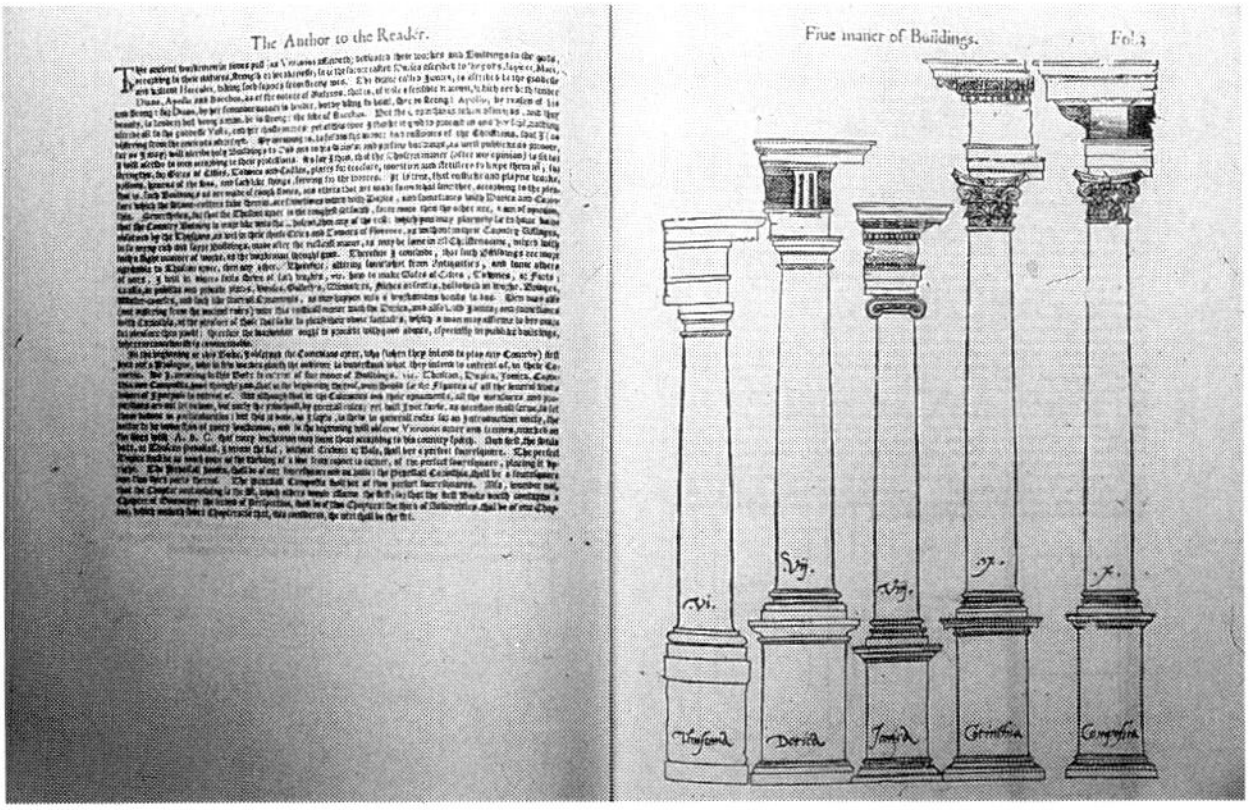

7－1　ヴィニョーラ『5つのオーダー』（左から順にトスカナ式、ドリス式、イオニア式、コリント式、コンポジット式が並ぶ）

るに、プロポーションや比例というものが美しい建築をつくるという考えがあって、そのときに美しい比例の根拠を人体に求めた。参考にすべき事例としてまさに人間の身体こそが、完全に調和のとれた創造物であり、そういう意味で建築を身体になぞらえるという世界観が登場したわけです。

もっとも、柱と人間を置き換える考え方自体は、日本にもある。たとえば、一家の「大黒柱」というときは、その家計を支えている人のことをさします。「人柱」という言葉もあります。つまり、ヨーロッパだけではなく、おそらく世界のいろいろなところで人と柱を重ねてみる発想は普遍的にあるのではないか。

ただし、古典主義の場合は、美しい理想と

しての身体を建築の向こうに透かしみるというかたちでつなげていた。

有名なドリス式・イオニア式・コリント式の三つのオーダー（円柱の様式）ですが、すでに第一章で触れたウィトルウィウスの『建築書』において柱を人間になぞらえるという話が定着します。足のサイズと身長の関係が、柱における直径と高さの関係に置き換えられるわけです。

ドリス式はたくましい男性の身体に重ねあわせられます。プロポーションも、足のサイズが1だとしたら身長が6という1：6の比例。イオニア式の場合は婦人の身体に重ねあわされて、足が1だとすれば身長が8。つまり、1：8のもう少しほっそりしたプロポーションになります。イオニア式の柱頭の渦巻きも、カールした巻き毛からきているという言い伝えがある。コリント式の場合は、比例よりも、若くして亡くなった少女の物語と結びつきます。要は古典主義のオーダーにおいて、ジェンダーの対比がつく。ドリス式とイオニア式について、それぞれ男女のキャラクターが与えられるわけです。

オーダーの生命力は強いので、現在の日本でもよく使われています。隈研吾は、ポストモダン的なデザインを試みていたとき、ドリス式やイオニア式のオーダーを巨大化した東京南青山の《ドーリック》（一九九一）を発表しています。しかしこれは柱のかたちをしていますが皮肉なことに、なにも支えない。また、世田谷区砧《きぬた》におそらく世界でいちばん大きなイオニア式のオーダーを含む《M2》(一九九一)も実現しています。それから、誰が設計したのかわからないのですが、僕は大阪の梅田の街を歩いて、まん中が切断された巨大なコリント式をもつ商業建築を見つけました。

## カリアテッドとポストモダン

カリアテッドという、女性の身体をそのまま柱にしたものもあります。ギリシアのアクロポリスにあるエレクテイオン(女神アテネなどの神殿)です。オリジナルは博物館に入って、外にあるのはレプリカですけれども、文字どおり人間が柱のかわりになっているわけです。ウィトルウィウスの伝えるところによれば、ペルシア戦争のときにギリシアを裏切ったカリュアの街にたいする見せしめというか侮辱として、そこの女性の身体を柱にしたという話になっています。ちなみに、香川県の丸亀の駅前、谷口吉生《よしお》(一九三七〜)の《猪熊弦一郎現代美術館》(一九九四)の向かいに、二階にカリアテッドのある喫茶店を発見しました。僕はこれを丸亀エレクテイオンと呼んでいます。

ともあれ、抽象的なレベルでなく、柱の代わりに具体的な身体を置くということも、ヨーロッパの古典主義建築ではときどきあるのです。

女性だけでは不公平ですから他の例を。

たとえば、ロシアのサンクト・ペテルブルクの《エルミタージュ美術館》のように、男性が支えているというようなパターンも見受けられます。神話をモチーフにして、天空を支えるアトラスをイメージしたものもあります。

カリフォルニア州バーバンクにはポストモダンの建築家、マイケル・グレイヴスによる《チーム・ディズニー・ビルディング》(一九九一)があります。ここでは、なんと七人の小人がカリアテッドになっています。こんなに巨大化していると、もはや小人とはいえませんが、ディズニーの白雪姫のキャラクターです。正面の壁に六人が並び、ペディメント(軒の三角形の部分。通常装飾や軒を支える柱というふうな意匠を施す)にひとりがちょうど軒を支えているような形になっています。つまり、アニメに迎合したかのようでありながら、身体としての柱という伝統をきちんと踏まえており、ある意味で正統な古典主義なのです。

ところで、現代建築家のフランク・ゲーリー(一九二九〜)が、古典主義にたいするジョークをやっています。プラハのナショナル・ネーデルランデン・ビルの《ダンシング・ハウス》(一九九六)の柱ですけれど、伝説的に有名な男女のダンサー「ジンジャー&フレッド」になぞらえています。一目見てわかるように、ぎゅっと絞ってぐにゃぐにゃのデザイン。まるで踊っているような状態です。建築が身体をなぞらえるときは、いつも直立する静止した身体だから、たまには踊っていたっていいじゃないか、と、ゲーリーはいうわけ

7―2　エレクテイオン（上）
7―3　マイケル・グレイヴス《チーム・ディズニー・ビルディング》（下）

7—4　フランク・ゲーリー《ダンシング・ハウス》

です。

なるほど、長い歴史において、古典主義の建築では、つねに直立不動の身体を想像していた。しかしここでは、動いている瞬間だってかっこいいじゃないか、というメッセージが読みとれます。ただ、ゲーリーは必ずしも理論的な言説をつむぐ建築家ではないので、遊び心として受けとったほうがいいかもしれません。じっさい、神戸の《フィッシュ・ダンス》（一九八七）などのように、彼はよく魚のモチーフを使いますが、その理由として、古典主義はいつも人間中心だけど、もっと古くから存在する魚だっていいじゃないかと皮肉まじりに述べています。魚をそのまま建築に使うのも、古典主義にたいする当てこすりなのです。

## “建築少女”

一般的に古典主義では、理想的な身体を建築に重ねあわせるわけです。しかし、ジョージ・ハーシーという建築史家が、文化史的な視点を導入して、おもしろい議論をしています。かなり奇抜な解読かもしれません。

現代人にとっては、古典主義の個々のパーツ、たとえば、アバクス（柱頭の正方形のパネル状の箇所）とかエキヌス（柱頭の逆円錐状になっている箇所、アバクスの直下、柱身の直上）などは、ほとんど意味をもたないギリシアの言葉なのですけれども、それが当時において本来、どういった意味があったかを類推する。これは、「猫」は寝る子を意味する、みたいなほとんど民俗学的なダジャレの世界なのですが、ハーシーの説は、古典主義のイメージをひっくりかえすような衝撃的な見解です。

たとえば、トリグリフ（軒下、柱の上の装飾部分＝フリーズを構成する内の、縦線で装飾図柄を区切る部分）というパーツがあるのですが、言葉を解読していくと、じつは大腿骨《だいたいこつ》を三つに分割したような意味があるという。彼によれば、もともとギリシアの神殿は、動物の生《い》け贄《にえ》を捧げ、そこで解体して切り刻んだ場所であるわけで、そういった血生臭い記憶がいろいろなディテールの名称にこびりついているのではないかと分析している（『古典建築の失われた意味』鹿島出版会）。これがほんとうかどうかについてはほとんど反論も不可能だし、立証も不可能だと思うのですが、ギリシアの神殿を読み解くユニークな試みです。健全な身体どころか、バラバラの身体になってしまうからです。

現代日本を象徴するような事例を紹介しましょう。

インターネット上に「建築少女研究会らいと」というウェブ・サイトがあります。もともとは「オタク系」の建築学科の学生が数年前に開設したものです。彼らは、分離派宣言（一九二〇年、堀口捨己《すてみ》ら六名による運動団体の宣言文）を含む、近代建築の有名なマニフェストをパッチワークでつなぎあわせながら、パロディとして、「建築は少女である」と宣言しています。つまり、ドリス式の柱が成人男子であり、イオニアが成人女性だとすれば、建築＝少女という図式を提示するわけです。

そして彼らはアニメ的な美少女と接続させて、いろいろドローイングを描いています。ドリス、イオニア、コリントについても、三姉妹のキャラクターとして再定義されます。ドリス少女、イオニア少女、コリント少女というふうに、ジェンダーと年齢の設定を変えてしまっているのです。有名なモダニズム建築も、少女に置き換えています。

たとえば、ドイツはポツダムにあるエーリッヒ・メンデルゾーンによる表現主義の《アインシュタイン塔》（一九二〇）。これは少女なのですけれども、よく見ると洋服の切れ込みデザインを窓になぞらえています。〝彼女〟は、理科系が強いというベタなキャラを与えられています。《エンパイア・ステート・ビル》少女は、背が高いのでバスケットボールが得意だという。当時、早稲田大学に在籍していた広末涼子（女優。一九九九年から二〇〇三年に早稲田大学教育学部に在籍し、中退）も《大隈講堂》と化しています。

建築少女のホームページでは、しかも学園モノのお話が展開されています。バウハウス学園にアヴァンギャルド戦隊がいたりするわけです。世界的に見ても、日本以外では、なかなか出てこない建築と身体の変形ヴァージョンだと思うのです。〝建築少女〟というのは、二十世紀末的なオタク文化が成熟して初めて成立しうる興味深い試みです。

## 身体の延長

ここまでは基本的に身体としての建築ですが、二十世紀の後半から身体の延長としての建築という興味深い提案があらわれます。

たとえば、アーキグラム。これは一九六一年から七〇年にかけて雑誌『Archigram』を制作していた、ロンドンの建築家集団です。彼らが六〇年代に提案していたことは、宇

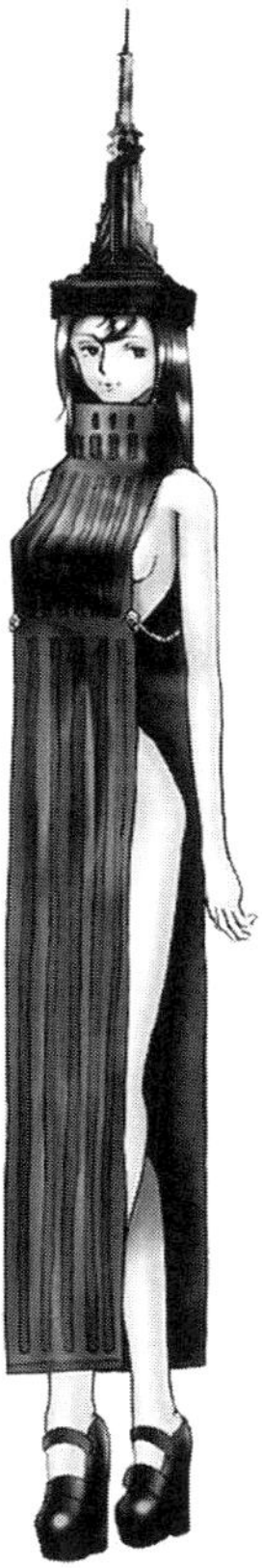

7－5　《エンパイア・ステート・ビル》少女（建築少女研究会ＨＰより）

宙服のような建築でした。

六〇年代は、宇宙にたいする憧れというか、テクノロジーの最前線として注目されていたと思うのですけれど、彼らのアイデアでは、宇宙服のようなものが膨らんで、そのまま空間になるわけです。スーツ型の住宅です。九〇年代の後半にファッションデザイナーの津村耕佑が、建築としての衣服をイメージした《ファイナル・ホーム》を発表しましたが、その三十年前にアーキグラムがすでに先どりしていた。じっさい、彼らは、宇宙服は最小限住居であるといっています。

たとえば、クシクルは、もはやこれを建築と呼んでいいのかわからないですが、人間を包む機械的な装置が伸びて、最小限の居住空間をつくる提案をした。まさに身体の延長として建築が成立するという考え方です。

これと近い位相にある日本人の建築家としては、阿部仁史《ひとし》（一九六二〜）が挙げられます。柱と梁《はり》の直交座標によって構築的な空間をつくるというよりは、身体を包み込む柔らかい皮膜として空間を構想するのが特徴です。透明なカプセルに身体を置くなど、初期の実験的な作品から、そうした傾向をもっています。インテリアではあるけれど、《雪月花》では、移動する身体を包む、うねる壁を室内に挿入することで飲食の空間をつくっています。ギャラリー間における個展でも、まさに「body」をテーマにしていました。おそらく六〇年代に出てきた身体の延長としての建築という考え方を継いでいるわけです。

阿部は、もともとコープ・ヒンメルブラウの事務所で働いていたのですが、彼らも身体を包む皮膜としての建築を考えていました。たとえば、一九六七年に提案された《ヴィラ・ローザ》もまさにそうで、プラスチック製の球体からなる空間が連結している。身体を包む球体が萎《しぼ》んだり膨らんだりしますが、瞑想する空間なども設定されていて、ちょっとSF的な建築です。

フランソワ・ダルグレによる《非＝住宅　輸送可能な生活標準パッケージ》（一九六五）というプロジェクトも、同時代のものですが、ある意味で建築を極限まで解体していくと、装置の集積になる状況を描いています。ステレオ、テレビ、冷蔵庫などが合体した機器が中心にあって、両側に二人の男が裸で座っている。あとはこれを膜で包めば居住空間になるわけです。ダンボールハウスも、これに近い感覚ではないかと思います。しかも、簡単に移動できる。ダンボールハウスは身体と密着した建築で、必要な装置があって、パレットを敷いて、ベニヤとビニールシートで包めば最低限の居住空間が成立します。

## 衣服としての建築、サイバースペースとの融合

これらは最初に示した柱から始まる構築的なイメージというよりも、遊牧民のテントや

洞窟の居住など、人と環境を媒介するインターフェイスとしての空間から建築を考えるものです。おそらく、SF的なガジェットとして出てくるパワードスーツにも似ていると思います。一般にはガンダムのモビルスーツがよく知られていますが、筋力強化服です。これは要するに、身体を包むと同時に、身体の機能を拡張する衣服です。「エイリアン2」のラストでも、リプリーがエイリアンと対決するときに、パワードスーツを装着して闘っています。

パワードスーツの概念が最初に登場したとされるのは、ロバート・ハインラインの『宇宙の戦士』という一九五九年のSF小説です。

残念ながら映画版の「スターシップ・トゥルーパーズ」(一九九七)では、パワードスーツがきちんと描かれていませんが、元の小説では細かく描写しています。ハインラインの説明によれば、訓練やマニュアルがなくとも、装着するだけで、すぐに簡単に使いこなせる装置です。そう、まさに洋服です。洋服を着て、どのように動くかをいちいち考えはしません。だから、身体の拡張なのです。乗り物は操縦という概念がつきまといますが、パワードスーツは考える必要もない。しかし、身体の機能を飛躍的に拡張する、あるいは補綴する。

これは身体を包む装置なのですが、さっき挙げたアーキグラムとかコープ・ヒンメルブラウなどは、きわめてSF的なものから着想を得ていますし、じっさい、宇宙服も参照しています。阿部仁史もそうしたSFが好きですから、異なるジャンルのはなしですが、身体の延長として環境や空間を考えるときに無視できないと思います。

いま挙げたのは機械のような装置と身体の融合ともいえます。しかし、八〇年代以降、新しい身体論は、電脳空間、すなわちサイバースペースに没入するかというかたちで展開します。ウィリアム・ギブソンの『ニューロマンサー』で描かれたように、SF的な想像力の前線がシフトするわけです。

ただ、そうしたものも、アーキグラムのプロジェクトにないわけではありません。初期のアーキグラムは、メガストラクチャーばかりやっていましたが、後期はメディア・アートのような作品が増えています。

たとえば、《電気トマト》（一九六九）は、人間と神経接続をおこなう、コミュニケーションの装置です。ガンダムに出てくるハロにも似ています。現在のメディア・アーティストの作品とあまり変わらないと思うのですが、建築家の側から当時すでに提案がなされていたわけです。《マンザック》も、球体の装置があって、パカッと開くとそこに人が座って、アームで伸びたもう片方のパーツが映像の装置になっており、これを観るというものです。こうして人間と装置をインタラクティヴに接続するイメージを思い描いていたのです。そういう意味でアーキグラムのヴィジョンは、いま見なおしても興味深いものが少なくない。

阿部も、東大の総合研究博物館の「バーチャルアーキテクチャー」展（一九九七）に参加したとき、ほとんどの建築家がコンピュータでデザインした建築を出したのにたいし、彼だけがハイパーコミュニケーションプレイングツール《COMCO》の製品企画書を提案しました。これは人がインタラクティヴに、かつネットワーク的につながるようなコミュニケーションの装置ですが、現在の携帯電話で試みられていることを、建築家の側から構想しているわけです。系譜としては、アーキグラムのアイデアと近い位相にある。

## 二重の身体

伊東豊雄は、二重の身体という言い方をします。現代の社会では、リアルな身体とバーチャルな身体が重ねあわせられている。そして流動的な身体のイメージにふさわしい現代建築の空間を求めている、と。

伊東はすでに一九八五年に《東京遊牧少女の包《パオ》》を手がけています。これは西武美術館でのインスタレーションで、テントのなかにベッドと女性の生活を意識した少数の家具だけがあります。衣服としての建築です。それも力強い男性的な身体に対応するものではなく、もっとフラフラとした、固定化しない、かよわい少女の身体です。建築少女もそうだったけれど、少女に新しい時代の感性を見出しているわけです。ル・コルビュジエの時代は、健康な身体をつくるための矯正装置として近代建築を考えていました。そして日光を浴びる屋上庭園で体操をするような近代人を思い描いていたのです。ところが、現代の日本では、コンビニに通う少女がイメージされ、建築は、もっと軽い都市生活に溶けこむための装置に変わります。

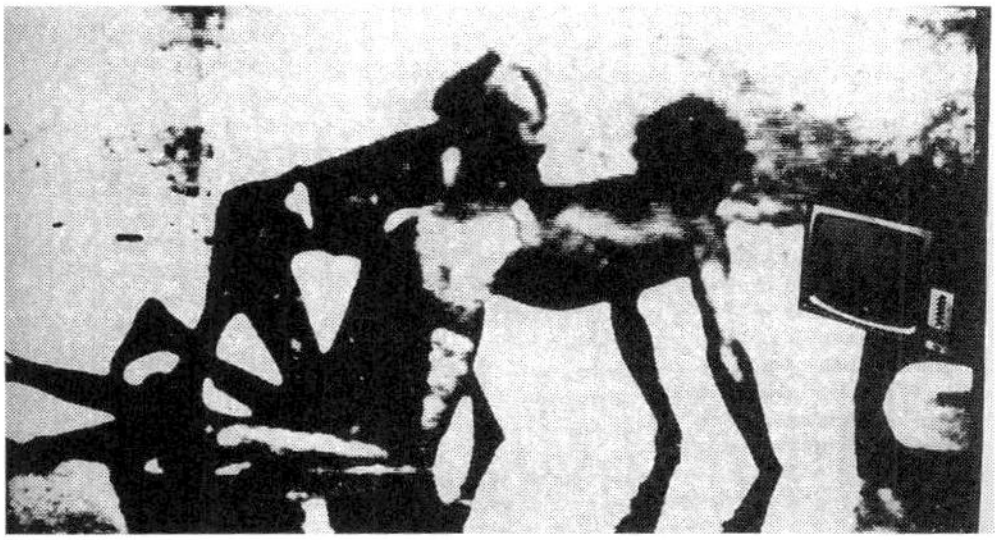

7―6　《電子のアボリジニ》（『Archigram』より）

最後にアーキグラムが出した興味深いドローイングを紹介します。《電子のアボリジニ》（一九七一）です。四つん這《ば》いのアボリジニがテレビの画面を凝視しているようなコラージュですが、未来の身体のありかを予言しています。まだインターネットがない時代に描かれたものですが、人間が映像に没入する状況を示唆しています。

《電子のアボリジニ》というタイトルは相反した内容を含んでいます。つまり、現代的なテクノロジーと、反対に原始的なイメージの言葉を連結させている。これはおそらくル・コルビュジエが唱えた「高貴な野蛮人」の言い換えでしょう。彼は、近代人は現代文明の恩恵を受けた都市に生きるのだけれども、同時に健康な空間を志向し、光や風、あるいは緑など、豊かな自然を享受する身体を「高貴な野蛮人」と定義したわけです（『輝く都市』鹿島出版会）。

しかし、アーキグラムの《電子のアボリジニ》は、ある意味では二十世紀後半の身体を的確に表現したものになっている。彼らは、人が歩く建築だとか、知的センサーをつけた人種であると述べています。身体としての建築というのは、構築的でかつ美しい比例をもった理想的な建築をめざしたわけですが、やがて身体と建築を重ねあわせる発想そのものが崩壊していく。そして二十世紀の後半に身体の拡張としての建築という考え方が登場したわけです。

# 第八章　日本的なもの——タウト、縄文、弥生

## ブルーノ・タウト

日本的なものをめぐって、建築界の議論では、縄文と弥生のキーワードで代表されるように、二つの系譜が反復しています。ヨーロッパであれば、おそらく古典主義かゴシックかといった構図でしょうが、日本の場合、縄文と弥生を軸に整理して考えると、わかりやすいと思います。

一九五〇年代に建築雑誌『新建築』の編集者だった川添登（一九二六〜）が、うまくジャーナリズムを焚《た》きつけて、伝統的な表現と現代建築をいかに接続させるかという問題を提示しました。丹下健三が、《香川県庁舎》（一九五八）の軒下において、古建築の木割を梁《はり》

8—1　丹下健三　《香川県庁舎》

のデザインにとり入れた時代です。線が細い、洗練された弥生的なものです。一方、白井晟一（一九〇五～八三）も、けっして有名ではない古建築である《江川氏旧韮山《にらやま》館》を挙げて、一九五六年に「縄文的なるもの」という論文を発表しています。一般的な理解としては、弥生的なものはあっさりしているのにたいし、縄文的なものはごつごつしている、力強い造形だと説明ができると思います。磯崎新《あらた》（一九三一～）は、この二項対立をギリシア古典におけるアポロ的とディオニソス的になぞらえています。

ただ伝統を二つに分けるという話は、ここで初めて出てきたわけではない。もちろん戦前にもあって、有名なのはドイツの建築家、ブルーノ・タウト（一八八〇～一九三八）の議論です。

タウトは、一九三〇年代に来日して、そこで将軍的なものの系譜と天皇家の系譜というふうに、日本の文化を二つにばっさりと割ったのです。よく知られているように、伊勢・桂vs.日光東照宮の対立の図式に落としこんで、日光が将軍的で、伊勢や桂が天皇の系譜につながると位置づけました。

やはり日光の方は、非常にゴテゴテしていて、バロック的な、装飾的な表現であるのにたいし、伊勢神宮や桂離宮は——じっさいに本物がそうであるかどうかは別にして——シンプルな造形美をもつとみなされました。しかもモダニズムと接続しうる簡素な建築デザインとして高く評価されます。一方、日光東照宮は、いかもの、すなわち俗悪なキッチュとみなされます。こうして、日本の伝統建築を二つに分けたうえで、桂・伊勢を、西洋の古典主義の最高峰というべきパルテノン神殿と比肩する、すぐれた建築だと位置づけて、さらにそれを近代建築につなげるというアクロバティックな系譜を提示しました。当時、東京帝室博物館（現東京国立博物館）本館や軍人会館（現九段会館）など、コンクリート造の軀体《くたい》に瓦屋根をのせる帝冠様式を日本的なものとみなす風潮もあったので、日本のモダニストも大喜びの議論です。

建築家にして建築史学者の伊東忠太（一八六七〜一九五四）も、法隆寺のエンタシスという柱のふくらみが、パルテノン神殿にまでつながるという議論を提出していましたが、これは日本的なものを強調するというよりも、東西の文化交流という国際的な意味を与えるものでした。それにモダニズムとの関係もない。したがって、過去をふりかえりながら、現代にまでつながるタウトの議論は、とても便利なものでした。

ともあれ、タウトがどれくらい意図していたことかわからないけれど、どうしても政治的な含意があるわけです。天皇と将軍という分け方のなかには、すぐれた建築と政治の体制が結びついている。少なくとも江戸時代の将軍ではない、古代、あるいは明治以降の近代における天皇の時代に合致するわけです。

## 神社／直線、寺院／曲線

僕が宗教建築を調べていておもしろいなと思うのは、だいたいこれと同時期の議論ですが、いま言った話を変奏したかたちで、仏教建築と神社建築の系譜においても、すごく明快に両者を分けようという言説が働くことです。

それは伊東忠太から始まって岸田日出刀《ひでと》（一八九九〜一九六六）ほか、当時の建築史家あるいは理論家が、繰り返し語るのですが、要するに神社建築というのは日本古来のもので簡素であっさりしていて、モダニズムとつながるような美しさをもっている。で、それにたいして、仏教建築というのはそもそも日本のものではない、これは中国や朝鮮半島などの大陸からやってきた外来の宗教であり、そこから出てくる建築は、非常に曲線的で装飾が多い、という。

つまり、ちょうど二項対立になっており、神社の方は直線が主体になっている。仏教建築というのは曲線を使うし、装飾も多くて、あまりよろしくないものだというあきらかな価値判断がなされます。それが完全に宗教と結びついて、神道的なものをよしとする世論と、モダニズムにやはりつなげようという意思が働きます。とくに岸田日出刀にはそれが顕著です。彼はいささかファナティックなまでに、伊東が設計にかかわった、完成したばかりの朝鮮神宮や靖国神社を賞賛しています。

もちろん、厳密にみれば、伊勢神宮も曲がっている部分はあるし、装飾的なディテールはいくらでもあるし、それは同じように桂離宮でも複雑なデザインを指摘しうるのですが、こうしたイデオロギー的な伝統論は細かい差異を無視してしまう。とくに神社と寺院に関していうと、デザインにおける神仏分離みたいなところがあって、その二つを明快に割ってしまう。さらに、防火性の問題があったとしても、神社は木造のままであるべきとする一方で、寺院はコンクリート化が推奨される。

タウトの天皇的／将軍的、あるいは忠太・岸田による神社的／仏教的の両方は、ほぼ重なりあうのですが、これは戦前の社会情勢と深くつながっている。両方とも天皇＝神道的なものをモダニズムと接続させることでもちあげて、そのかわり外来のものを排除しようという、建築デザインにおけるナショナリズム的なものを作動させるべく、ふたつの概念を対比させる議論が出たと思われます。

さらに一九四〇年代、大東亜の建築様式がどうあるべきかという議論では、これまで大陸から輸入してきたが、これからは逆転して日本のものが世界に向けて進出する歴史的な転換点を迎えた、という意見も登場しました。つまり、大陸的なものを排除し、純正な日本建築を回復するにとどまらず、それを大陸にまで広げていこうとする。

ちなみに、戦後の韓国では、興味深い伝統論争が起きています。ある博物館の屋根が、日本の神社に似ているからよくないと批判されたのです。これは日本的なものを意識する反動から、韓国的なものを探究するというベクトルに向かう。ともあれ、中国でも帝冠様式風の建築はありますし、同じ木造建築の文化圏では、構造技術が完全に変わったモダニズム以降、どうしても伝統的なものをめぐって議論が発生するわけです。

## 縄文と弥生

そう考えてみると、五〇年代に出てきた縄文的と弥生的というのは、それを変奏して繰り返しているけれど、同時にずらしている感じがします。やはり戦後の議論なので、ある種、政治的、宗教的な対立にくくられないようになっています。さすがに縄文や弥生になると、天皇や将軍を連想させない。もう少し別のかたちで議論できる。ただし、いまの流れでいうと、弥生的なものは、洗練されており、天皇＝神道的なものにつながっているはずです――デザイン的な趣味でいうと。縄文的なものは荒々しくて、たぶん将軍的、仏教的なものに、どちらかというと近い。

天皇か将軍かという、どちらの権力者ではなく、むしろ大衆的か貴族的かという階級の問題にシフトしています。弥生の方は貴族的な系譜だとすれば、縄文の方は民衆的な系譜に対応するわけです。戦後、貴族的なものへのカウンターとして縄文的なものが出てきます。それはアーティストの岡本太郎（一九一一～九六）が縄文の美を発見するようなことが背景にありますし、大衆の力が強くなったという流れがあったからです。

たとえば、丹下健三が桂離宮論を書いているのですが、ブルーノ・タウトによる系譜とは違う。タウトの議論からいうと、当然、桂離宮は天皇の系譜になってしまうのですが、丹下の場合、桂離宮のなかに貴族的なものと大衆的なものの両方の系譜が流れこみ、それらが融合したので、すぐれた建築だと位置づけるわけです。やはり、時代の要請をもろに受けていたと思います。戦後は民衆の時代ですし、モダニズムはそれを表象する建築とされていました。

また一九五〇年代は、世界の現代建築の流れのなかで、ブルータリズムが流行し始めていたころでした。これは文字どおり、繊細なモダニズムの美しさよりも、荒々しいコンクリートなど、粗野な外壁の表現を好意的にみていくものです。《ロンシャン教会》や《ユニテ》など、後期のル・コルビュジエもそうです。

要するに追いかけていたモダニズムも、透明でピュアなスタイルから荒々しい表現に変質していた。これを日本的な文脈に接続すると、縄文的なものにつながる。つまり、縄文的なものへの注目は、国内の問題だけではなく、国際的な動向ともリンクしていたわけです。

**ヤバンギャルド**

こうした縄文と弥生の系譜は、さらに四十年後、現代においても反復していると考えられます。その核となるのが、藤森照信です。

藤森はまさに〝縄文建築団〟を結成しているのですが、九〇年代以降のシンプルなガラス建築がブームになっているときに、まったくの異物としかいいようがない別の系譜のデザインを提出しました。本人はアヴァンギャルドにひっかけて、「ヤバンギャルド」などという言い方をしていますけれど、野蛮なものを現代建築に再導入するというかたちで、縄文の反復を試みています。

彼は歴史家として、日本建築を参照するにしても、草屋根の芝棟《しばむね》という民家を選びます。屋根に草を生やした民家ですが、けっしてメジャーではありません。それはほとんど王道の日本建築では語られないものです。つまり、伊勢とか桂とか日光とか、そういう宗教建築や権力者の空間から漏れているものを藤森は拾って、自分の表現のベースにしたのです。しかし、建築ジャーナリズム的には、明快な対立軸が意識されていません。議論の構図になっていないのが、いまの時代だと思います。ただ、藤森が縄文的だとすれば、隈研吾はとても現代的な弥生ではないでしょうか。

九〇年代後半、隈は西洋建築を引用したポストモダン的な表現から脱却し、『反オブジェクト』(筑摩書房)などの著作で日本の伝統建築を読み返すことによって、シンプルでミニマムなデザインを展開しました。《那珂川町馬頭《ばとう》広重美術館》なども、とにかくすっきりとしています。

隈の理想とする建築は、強さを主張せず、存在感を消していくものなので、水のイメージが感じられます。また、木や石のような伝統的な素材も、コンピュータによるデジタル処理の感覚でデザインしています。

8—2　隈研吾　《那珂川町馬頭広重美術館》

こうした隈と藤森を比較すると、新しい時代の位相に突入して、以前とは違うかたちで、現代の縄文と弥生を再定義できるかもしれません。肉体の感覚を喚起する藤森の縄文的なものと、隈のデジタル弥生的なものになっているわけです。

藤森は二〇〇五年『人類と建築の歴史』という本（ちくまプリマー新書）を出しましたが、近代はごくわずかで、ほとんど古代の話しかしていない。ちょっと変わった本です。

スタンディング・ストーン、つまり巨石の柱が立っている先史時代のことが、ほとんど本の八割くらいを占めています。歴史といいながら、文字のある歴史以前、つまり先史時代がほとんどなのです。藤森は、巨大な柱にたいする強い憧れをもっているのです。

じっさい、彼の処女作《神長官守矢史料館》（一九九一）にも、軒を突き破っている生々しい木がありました。その垂直に屹立する柱への想いは、縄文的なものとつながっている。だから藤森はやさしい自然派でもないし、癒し系やエコロジーの建築でもない、もっとすこぶる荒々しい太古の力強い空間を意識したものなのです。

## 屹立する柱、流れる水

藤森の故郷は、長野県茅野《ちの》市で、山のほうにあります。山間部に住んでいて、そこで暮らしていたわけです。その地域は当然のことながら諏訪《すわ》大社とのつながりがあります。そもそも《神長官守矢史料館》の守矢家は、代々、諏訪大社の祭祀を司《つかさど》っていますし、史料館では祭りの歴史を展示していました。諏訪大社では、柱を象徴的に祭っていますが、御柱《おんばしら》祭では、まさに柱のお祭りをやるのです。急斜面から柱を落として、時には死人が出るような激しいお祭りです。諏訪のエリアでは、柱を立てているところがけっこうありました。たとえば、ガソリンスタンドの一角でも目撃しました。まさに諏訪神社の文化圏であることを実感させます。そう考えると、藤森の柱にたいする興味は――それもむき出しの原木のような柱なのです――やっぱり彼の原風景とつながっているのだなあと、納得させられました。

8－3　藤森照信　〈神長官守矢史料館〉（上）
8－4　藤森照信　〈高過庵〉（下）

8－5　伊東豊雄　《下諏訪町立諏訪湖博物館》

藤森の《高過庵《たかすぎあん》》は、ツリーハウス、つまり樹木の上の茶室です。さらに、その近くで《低過庵》という地面を掘った建築を提案しています。これは一種の竪穴《たてあな》式住居だと思うのですけれど、要するに垂直軸に沿って、空間を展開している。柱の人なのです。

ここでもうひとつの対立項として伊東豊雄と比較しましょう。伊東も故郷が長野県だからです。藤森が長野の山間部で育って、垂直的な志向をもつのにたいし、学生のころ諏訪湖の近くに住んでいて、毎日流れる水を見ながら通学していたという伊東が流動的な水平的なイメージに向かうのは、それぞれの原風景を考えると、興味深い対比です。

伊東が設計した《下諏訪町立諏訪湖博物館》(一九九三)は諏訪湖に沿って大きな弧を描くチューブのような建築で、それはまわりの風景と完全につながるものです。《下諏訪町立諏訪湖博物館》以降、《せんだいメディアテーク》などのプロジェクトも含めて、こうした原風景に回帰しながら、伊東は流動的な建築を推しすすめています。彼の《まつもと市民芸術館》(二〇〇四)も、細長い敷地に沿って、不定形な輪郭をもっています。水平に流れていくイメージです。

藤森、伊東ともに、ある程度キャリアを積んでから原点に回帰していくわけです。

## 白派と赤派

ところで、ジャーナリストの瀧口範子が二〇〇六年に『にほんの建築家　伊東豊雄・観察記』(TOTO出版)という追っかけドキュメントというべき本を出したのですが、同様の事情をコールハースとのあいだに指摘しています(瀧口さんはコールハースについても二〇〇四年に同じくTOTO出版『行動主義　レム・コールハースドキュメント』という本をまとめています)。

彼女によればコールハースが肉食獣だとすれば、伊東は草食動物です。その表現を借りると、「攻めのコールハースと、降りかかってくるものを別の流れに持っていく受け身の伊東」。つまり、伊東は一方的に我を通すというよりも、まわりの人間を巻きこみ、さまざまな才能を引きだし、大きな渦を形成しながら、建築をつくりあげていく。「にほんの建築家」というタイトルは、そうした彼の姿勢を示しています。やはり、流体的なイメージがあるのです。

しかし、ここにはかつてあったような民衆のイメージはもうありません。縄文／弥生という二項対立が大衆的／貴族的にスライドするという階級論的な話にはなかなかつながらなくなる。そこで、というわけではないでしょうけれど、藤森がみずから別の言い方を提出しました。白派と赤派です。

白派は、洗練されて抽象的なタイプ。たとえば、モダニズムのミース・ファン・デル・ローエや槇文彦（一九二八〜）。一方、赤派は、自然素材を好む、曲線的な造形。後期のル・コルビュジエ、象設計集団、石山修武、そして藤森ですね。これも、弥生と縄文の変奏といえるでしょう。しかし、色の違いで命名されているだけなので、階級を連想させるものも消えています。ただ、あえていえば、現代的な「下流社会」の方が、流動的なイメージに近いかもしれません。弥生の系譜の行く末が、下流というのはなんとも皮肉ですが。

# 第九章　戦争の影――廃墟のイメージ、メタボリズムと人工地盤

## 戦争と廃墟

　日本の二十世紀の建築史を考えるとき、ちょうど折り返し地点になる真ん中のところに太平洋戦争があって、激しい空襲を受けています。大都市が焼け野原になったり、原子爆弾が落ちて、都市がまるごと消滅したりするという悲惨な空間体験が起きました。

　もちろん震災もたえず日本の都市を襲ってきた。震災というのは、日本の建築の深層に大きく働きかけるもので、ヨーロッパの様式建築と煉瓦《れんが》造を模倣してつくっていたのが、濃尾地震や関東大震災では煉瓦造が簡単に崩壊したことから、耐震構造を独自に発達させる道を歩みはじめます。

本章では戦争に焦点を当てて、敗戦のときの風景が、磯崎新と黒川紀章と菊竹清訓の三人の建築家にたいし、どのような影響を与えたかを考えてみたいと思います。

まず、最初に磯崎新ですが、一九三一（昭和六）年生まれなので、敗戦のときは十四歳くらい。世界の終わりを目撃する『新世紀エヴァンゲリオン』の主人公シンジくんも、同じ年齢でした。磯崎は、繰り返し自分の作品のなかで廃墟のモチーフを出すことで知られる建築家ですが、その起源というのは、やはり敗戦のときに見た廃墟の風景にあると思います。

ただ、一方で西洋建築の流れと戦略的に接続させている。磯崎の示す廃墟というのは、ちょっと西洋的な廃墟を思わせるものがあります。じっさい一九八三年に、ポストモダンの代表作とされる《つくばセンタービル》が竣工したとき、それが廃墟となった図を描いているのですが、これは一八三三年にジョン・ソーン（一七五三～一八三七）が《バンク・オヴ・イングランド》を設計したとき、その廃墟のドローイングも制作した（一八三〇年に助手ジョゼフ・ガンディに描かせた《ポンペイ的な廃墟として描かれたバンク・オヴ・イングランドの断面透視図》など）ことの完全な反復といえるでしょう。

西洋的な廃墟というのは、ペンペン草も生えないような根こそぎゼロになったような状態ではなくて、すこし建物の形が残っていて、想像力を継ぎ木することで、ある程度復元された状態を思い浮かべられる。こうした廃墟への憧れは、西洋のロマン主義のなかで出てきました。西洋では、古代ローマの遺跡が、そのように人びとの想像力を喚起していたのです。ロマン主義というのは理性中心の古典主義へ対抗した議論の総称で、ここでは十八世紀末から十九世紀前半の思潮をイメージしていますが、磯崎の廃墟は、そうしたものに近い。

## 分裂した人格

磯崎の場合、建設と破壊が対になっています。じっさい建築をつくることは、まったく何もない敷地の場合を除けば、何かを壊してそこに新しく建てることなので、破壊をともなっているわけです。よく考えてみると、建設と破壊は表裏一体のものです。

彼は、そうした関係性をひとつの人格のなかに抱えこんでいて、それを的確に著した有名なテキストが「都市破壊業K.K.」(一九六二)という初期に書かれた文章です。これは、一九七一年に刊行された彼の最初の本『空間へ』に収録されているのですが、論文というよりも短編小説といったらいいでしょうか。磯崎新は自分の名前の「新」を、音読みと訓読みの「シン」と「アラタ」の二つのキャラクターに分裂させて、アラタの方は都市計画家を演じていて、逆にシンの方は破壊業なのです。都市を壊す方を生業にしている。つまり、正反対の二人の登場人物が会話をするという形式で、「都市破壊業K.K.」なるものが紹介されます。

余談ですけれど、大江健三郎の小説『さようなら、私の本よ!』(二〇〇五)で、建築家が登場するのですが、磯崎新を髣髴《ほうふつ》させる人物でした。都市をどう壊すかと考えているという話が出てくるのですが、それなどもおそらく元をたどると、「都市破壊業K.K.」の系譜にもつながると思います。

「都市破壊業K.K.」は、その後の磯崎がやっていく仕事を予見しています。彼のなかでは、すごく構築的な部分と、反対にシステムが暴走して制御不能になっていく、形がない、アモルフ(不定形)なものに向かう衝動が同居しています。その両極端な二つに分裂した人格が、同じ人物に織りこまれている。たとえば、彼の建築デザインは、単純明快な幾何学的な形態、球体だとかキューブだとかピラミッド形だとか、そういうプラトン立体(『ティマイオス』でプラトンが論じた五つの多面体)のようなものを組みあわせていく。それはすごく構築的であるし、彼が大好きな古典主義建築の系譜にもつながる構築性をもっている。

その一方で、彼のプロジェクトでは、形のないものが時々出てきます。たとえば、《孵化《ふか》過程》(一九六二)という有名なドローイングがあって、未来のメガス

9－1　磯崎新　《孵化過程》
（『空間へ』より）

トラクチャーとギリシア神殿の廃墟をコラージュしたものです。つまり、未来と廃墟がいっしょになっている。大きなコアになる柱があって、そこから水平に建物が連結していくという構築的なシステムを明快に示すものなのですが、一方で《孵化過程》をインスタレーションとして展覧会で見せたものは、むしろ制御できないものの方に傾く。

どういうものかというと、東京の航空写真に来場者がハンマーで釘を打っていく。要するに、参加型のアートの変形ですが、先にいった空中都市のコアの部分を釘に見立てたものです。来た人はデタラメに釘を打って、あとでそれらをワイヤーでぐるぐる巻きにして、最後は石膏《せっこう》で固めて作品にするという、偶発性のアートにもなっています。釘と釘を結ぶワイヤーは、コア同士をつなぐ水平の構築物にあたります。しかし、これは構築性というよりも、もはや制御できないデザインです。

9―2　磯崎新　2000年に再現された《エレクトリック・ラビリンス》

他者がどんどん介入して、カオティックにどろどろに崩れていくようなものが呈示されている。同じプロジェクトなのだけれども、その二面性が表現されています。磯崎新は、丹下健三の都市プロジェクト《東京計画1960》(一九六一)に参加していましたが、《孵化過程》でも垂直のコアを並べながら、横に連結させて、空中にオフィスが展開するシステムを継承しているので、その批判として読めなくもない。

同じように、そういう二面性を明快に出すものとしては、一九六八年、ミラノ・トリエンナーレ出展のインスタレーションである《エレクトリック・ラビリンス》のプロジェクトが挙げられます。磯崎は丹下の下で、近代国家の祭典である大阪万博(一九七〇)のお祭り広場やデメ(人がなかに入って操縦するタイプのロボットとされた)も設計するのですが、そのカウンターとして《エレクトリック・ラビリンス》のインスタレーションを手がけました。これには広島の廃墟の写真に、巨大な未来のメガストラクチャーが廃墟になったものをコラージュした有名なドローイングがあります。

また、それを背景にして、同世代の建築家の未来都市のプロジェクトを投影していました。第七章で触れたアーキグラムなどが考えていた明るい未来都市です。ただ同時に、《エレクトリック・ラビリンス》では、湾曲したパネルがくるくる回っていて、そこには、どくろであるとか幽霊であるとか、人間が死んで腐っていく江戸時代の絵図などの引用、あるいは飢えで苦しんでいる人たちの写真であるとか、近代化の反対に出てくるもの、あるいは近代化から漏れるネガティブな部分を展示しています。言ってみれば、電気じかけのお化け屋敷ですが、建築家の明るい未来像と、その対極にあるような現実の世界を同時に見せるという手法が反復されています。

## アモルフなもの

彼のアンビルト（実行されずに終わった建築計画）のプロジェクトのなかでは、《コンピューター・エイディッド・シティ》もはっきりとした形がない。

これは情報空間が全域化したときの都市像を予測したものですが、すべてをコンピュータで制御すれば、銀行や郵便局、オフィスや図書館などのビルディング・タイプを別々に建てる必要がなくなって、それぞれが独立した形態をもつ根拠を失う。つまり、空間がドロッと溶けて、ひとつながりになると考えた。こうしたヴィジョンは、コンビニエンス・ストアの登場によって、部分的に実現したように思われますが、《コンピューター・エイディッド・シティ》では、居住空間以外の建物は全部つながり、被膜で包まれたソーセージのようなチューブ状の空間におさめられています。

アンビルトの系譜でいくと、磯崎の《ミラージュ・シティ＝海市》（ICCオープニング記念展、一九九七）というユートピア的な都市プロジェクトを浅田彰（一九五七〜）と提案したときも、構築性を拒否していました。いわゆる都市計画が好む明快なスキーム、たとえばシンメトリーやゾーニングによるはっきりとした骨格をつくるのではなく、他者として多数の建築家を招き、どんどんムチャクチャにその場を荒らして、偶発的なアクシデントやハプニングが起きることを意図的にしかけた。情報化時代における《孵化過程》です。

磯崎のなかでは、構築的にものをつくるキャラクターと、一方で暴走してシステムを制御不能に陥れる別のキャラクターが存在するのですが、その基点になるのがやはり「都市破壊業K.K.」であり、一九四五年に目撃した焼け野原なのです。

余談ですけれども、磯崎が西洋の建築から十二の建物を各時代、ゴシックとかロマネスクとかいろいろな時代から選ぶ、『建築行脚』という全十二巻のシリーズ本（六耀社）があって、これは彼の自分に課したグランド・ツアーみたいなものだと思います。ちょうど彼が四十代おわりから五十代にかけて、写真家の篠山紀信（一九四〇〜）といっしょにまわったものです。これも十二冊のうち、半分が古典主義、残り半分が非古典主義系列にだいたい分かれるのです。

古典主義はギリシアやルネッサンスなどですが、非古典主義の系譜はロマネスクとかゴシックです。古典主義というのが構築的なものであるのにたいして、非古典主義の系譜というのは、理性で語るというよりは、もう少し情感や身体のレベルに訴えかけるものです。磯崎自身は古典主義に圧倒的に造詣が深いのだけれど、その一方で論理で語れない、非古典の系譜も組みこんでいる。というわけで、このシリーズでも、そういう二つのキャラクターを読み取れるという気がします。

ちなみに、売り上げは非古典のほうがいいと聞きました。日本人はあまり古典主義の建築に興味がないみたいで、感覚的なロマネスクとかゴシックとか、そういうものは一般の人もわかりやすいからでしょうか。

次にメタボリズムですが、生物の新陳代謝の概念をデザインにもちこみ、安定した建築のイメージを否定し、部分を更新していくという手法を掲げ、同じく六〇年代に登場しました。世界的に見ても、日本の現代建築はここから始まると位置づけられています。

メタボリズムは高度経済成長期のスクラップ・アンド・ビルドと重ねて読むことができます。戦後の復興からオリンピックや万博などの国家的なイベントもあって、高速にものをつくって、壊すわけです。戦争や地震のように、ドラスティックに風景を変えるような破壊行為ではないのですけれど、つねにどこかが壊れて更新している、形を変えた見えない破壊がずっと進行している。

つまり、戦争がなくても日本の都市というのは、二、三十年ぐらいするとかなり風景が変わる。言い方をかえると、つねに静かな震災が起きている。メタボリズムもそういう日本的な、どんどんものをつくって壊すという時代感覚と共振しているように思います。

メタボリズムの立役者である黒川紀章の戦争体験も興味深い。一九三四(昭和九)年生まれの黒川は、当時愛知県に住んでいて、郊外に疎開をしていた。そして戦争が終わった後、焼け野原になった名古屋の街を歩きます。父親も建築関係者なのですけれども、廃墟になった街を歩きながら、これからは建築が重要になると、黒川に言ったらしいのです。要するに、これだけ壊されたら、これからはものをつくる仕事が大事になる、と。黒川

9－3　黒川紀章　《国立民族学博物館》の中庭にある未来の廃墟

は、それを聞いて自分は建築家になろうと思ったそうです。
　黒川にいわせると、日本の焦土は、西洋の廃墟とはまったく違っていた。焼けた木造家屋の都市には、かたちを想像させるものがほとんど残っていない。したがって、磯崎がいう廃墟のイメージはかなり西洋的だと指摘しています。
　黒川について、僕がおもしろいと思うのは、仏教に興味をもっていることです。彼は仏教思想について語る、数少ない日本の現代建築家だと思うのですけれども、そこで仏教の無常観に触れています。また輪廻《りんね》ですね。つまり、生と死のサイクルのように、ものをつくっても壊れるという時間の回転があって、永続するものはないという考え方をもっている。そうした意味で、黒川の考えと、メタボリズムの話が重なります。たしかに、メタボリズムは、時間のなかでの変化を重視する建築論です。一見明るいけれども、黒川のなかには、そうしたニヒリズムを感じます。

西洋では、かりに壊れたとしても、廃墟としてかたちの痕跡が残って、記憶されていく。黒川はそれとは違う。永遠に残るモニュメントを信じていない。いつかは消えてしまう、はかなさの感覚は、戦争体験と無関係ではないように思います。そこに仏教的な世界観が接続されているのではないか。黒川のテキストを読んでいくと、そういう感覚が時々にじみ出てくる。

黒川のメタボリズムの話は、時代が変わると、リサイクル可能性としても読み替え可能なのですが、もともとにあった考え方というのは、わりとニヒルなものだったと思います。じっさい、現代の日本都市はこれだけ繁栄しているけれども、自分はそれがすべて無に戻った状態をこの目で見ていると、僕に語ってくれたことがあります。

たしかに、彼はずっとつづくと思っていた世界が壊れた風景をじっさいに目撃しているのです。こうしてみると、磯崎、黒川両人の敗戦の体験を比較しても、磯崎のように西洋的な廃墟の概念に結びつくのと、黒川のようにきわめて東洋的な話につなぐのと、異なる展開があるわけです。

## 人工地盤

では、もうひとり、メタボリズムのメンバーの菊竹清訓ですけれど、一九二八（昭和三）年生まれですからもう少し年齢が上です。九州の実家は、すごい大地主だったらしい。本人の回想によると、子どものときは遊んでいて、自分の土地から外に出たことがなかったそうです。

戦争が終わったあと、いろいろと社会のシステムが変わるわけですが、財閥解体（戦後、GHQの指示により各種財閥、独占・寡占的企業が解体された）や土地制度の改革（典型的には、農地改革）などがあって、菊竹の家では、かなりの土地を失なったらしい。彼にとっての世界が変わったわけです。

じっさい、本人の話によると、空襲よりも、これが彼にとっての戦争体験といえると思います。だからこそ、自分は人工の土地にすごくこだわると述べています。もちろん、戦後の爆発的な人口増加から土地が足りなくなるという社会問題に対応した面もあると思いますが、彼個人としては土地の喪失というトラウマを抱えていて、そこから土地を人工的に創出するという考えにとりつかれるわけです。

最初は、海上の都市プロジェクトです。海に人工の地盤をつくったり、自邸の《スカイハウス》のように、空中に浮かせたりします。国連の極東分館をテーマにした卒業設計が、すでに地表からもちあげられた建築だったらしい。

9－4　菊竹清訓　《江戸東京博物館》

9－5　菊竹清訓　グローバル・ループ

地面のレベルではなくて、高くもちあげたところにまた別の土地を設定することは、《江戸東京博物館》(一九九二)にいたるまで提案をつづけています。磯崎や黒川が時代にあわせて、いろいろなコンセプトを提出するのに比べて、菊竹は全然変わらない。筑波科学博のときも、実現しなかったらしいのですけれども、人工大地を提案していました。

二〇〇五年の愛知万博でも、菊竹は会場をまわるための動線として一周二・六キロメートルのグローバル・ループを実現していますが、彼の作品の系譜から考えると、まちがいなく人工大地なのです。いちおう、既存の青少年公園に影響を与えないよう配慮したことになっていますが、本人もグローバル・ループの上に建物をつくりたかったと発言していたように、彼にとってずっとつくりたかった人工の地盤だったといえます。

こうして考えてみると、磯崎新もメタボリズムの旗手も、日本人の建築家として、若いときから世界的なレベルで認められた最初の世代ですが、彼らの思想には、二十世紀の日本にとって最大の事件だった敗戦が影響を与えていたのではないでしょうか。

# 第十章　スーパーフラット——差異なき表層の世界

## さまざまな用法

世紀の変わり目に登場したキーワード、スーパーフラットは、現代の日本を包む雰囲気を言いあてたものです。もっとも、この言葉はいろいろな使い方がなされ、複数の意味をもっています。いくつか挙げてみましょう。

第一に組織論としてのスーパーフラットです。いわゆる縦割りではない、新しいタイプの活動形態です。たとえば、映画「踊る大捜査線 THE MOVIE 2 レインボーブリッジを封鎖せよ！」(二〇〇三)では、官僚的な機構の警察が、トップをもたず、各自が自由な活動をする新しいタイプの犯罪組織に翻弄されていました。これは上下関係の命令系統が固

10—1　妹島和世　16ミリの鉄板によって構成される《梅林の家》

定したヒエラルキーvs.それぞれが個をもつ横並びのスーパーフラットの対決として読むことができます。もっとも、映画の後半、警察は体制を立てなおし、現場の意見を積極的に吸いあげるリゾーム状の組織に再編成することで、事件を解決に導きます。

　第二に差異なき世界としてのスーパーフラットです。たとえば、二〇〇三年にはこのキーワードをタイトルに掲げた、永江朗の『平らな時代　おたくな日本のスーパーフラット』（原書房）が刊行されました。アトリエ・ワンや写真家のホンマタカシへのインタビューを収録した本です。その対談相手の建築家、塚本由晴《よしはる》（一九六五〜）は、自著の『「小さな家」の気づき』（王国社）のなかで、こう述べています。

（引用者注：一九九〇年代は）新しい差異も見出しにくくなった。社会が成熟するとともに、外（海外）を内（日本）に導入するやり方、いわゆるキャッチアップ型の限界が見えてきたのだ。この差が見出しにくい状況をスーパーフラットと呼ぶこともできると思う。

第三に表層を強調した世界としてのスーパーフラットです。文字どおり平坦な面にデザインを集中するものです。飯島洋一は、妹島和世《せじまかずよ》（一九五六〜）やギゴン&ゴイヤーの薄い膜のような面を追求する建築を「表層フラット派」と命名し、批判的に論じています（『日経アーキテクチュア』二〇〇三年八月四日号）。

また伊東豊雄は、あるインタビューに答えて、

（スーパーフラット）からは相当、外れてきていると思いますけれど。……むしろ、妹島さんの建築なんかの方がスーパーフラットでしょうね。表層という点では、本当に厚さのないファサードの建築もある。それをますます磨き上げています。

と語っています。

## 名づけたのは誰？

スーパーフラットとは、そもそも現代美術の作家、村上隆（一九六二〜）の造語です。彼は東京芸大で日本画を学んだアーティストですが、アニメや漫画のポップな表現を参照した作品で知られています。

一九九九年に刊行された彼の作品集『ＤＯＢＳＦ　ふしぎの森のＤＯＢ君』（美術出版社）では、ミッキーマウスを変形させたようなキャラのドローイングのあいだに、短いエッセイでいくつかのキーワードを解説していました。そのひとつが「スーパーフラット」だったのです。該当するページでは、漫画やＣＧのグラフィックを挙げ、その世界観について「どこまでも限りなくフラットな地平が広がる無限の空間」だと説明したのです。

そこに哲学者の東浩紀（一九七一〜）が介入し、近代の制度が解体した現代社会の状況を広く示す概念として定義しなおします。彼のかかわった雑誌『広告』（一九九九年十一／十二月号）のスーパーフラット特集の宣言文は、こうです。

> カメラアイがない。奥行がない。階層構造がない。内面がない。あるいは「人間」がいない。しかし、視線がいっぱいある。ぜんぶに焦点があたっている。ネットワークがある。運動がある。そして「自由」がある。

これはスーパーフラットのイメージをうまく示したマニフェストだと思います。こうした特集を契機に、スーパーフラットの概念は一気に拡大し、現代美術の用語にとどまらず、横つながりのコミュニティの組織や、老若男女を問わず誰もが着られるユニクロの服も、事例としてとりあげられています。

二〇〇〇年五月には、村上のキュレーションによって、「スーパーフラット展」が東京・渋谷パルコで開催されました。彼はカタログの冒頭で「日本は世界の未来かもしれない。……ハイもロウもすべてがフラットに並んでいる」と宣言するのです（『スーパーフラット』マドラ出版）。小さな会場には、アーティストや漫画家らの作品がぎっしりと並び、混乱した印象をあたえていましたが、その展示方法はまさにヒエラルキーがない、スーパーフラット的でした。

## 新しい可能性か、モラルの崩壊か

東浩紀は、同じカタログで、村上やオタクの図像の特徴は奥行きのない平面性と記号化された目であり、近代的な透視図法による秩序化された空間表現や視線の制度が解体した世界観のあらわれとみなします。

「スーパーフラット展」はアメリカも巡回して、反響を呼びます。うすっぺらな日本人のイメージと重なるという異国興味があったのかもしれません。村上もそれを戦略的に演出していました。なるほど、漫画やアニメは、いまや現代日本の文化として世界に認識されている。とはいえ、輸入一辺倒の美術界の状況を考えると画期的な事態でした。

二〇〇五年には、村上は日本のサブカルチャーと現代美術の戦後史を包括的に紹介する「リトルボーイ展」もニューヨークで企画して話題を呼びます。このタイトルは、広島に投下された原爆の名前リトルボーイと、いつまでも成熟しない日本人のメンタリティにひっかけたものでした。欧米とは異なる価値観を提示する文化として、オタクやアキハバラも注目されています。

ともあれ、スーパーフラットの概念は日本のサブカルチャーを出自としており、情報化社会のコンピュータを使う表現形式や新しい組織のありかたを説明するのに適しています。これを新しい可能性として肯定的に見るか、モラルの崩壊として否定的に見るかは、立場によって違うかもしれません。

スーパーフラットに関して、アーティストのレオ・スタインバーグ（一九二〇〜）が一九七二年に提唱した概念「フラットベッド」との類似も指摘されました。フラットベッドとは、版面と紙面をいっしょに水平に置いて圧着する平台印刷機のこと。けれども、フラットベッドがそのうえにいろいろなモノを置いて、コラージュをおこなう水平な作業台だとすれば、スーパーフラットはコンピュータの画面上の並置であり、すべての要素をデジタル化することで、モノの素材性を完全にはぎとる。つまり、大きい／小さいのスケール感も喪失したデータの世界といえるでしょう。

じっさい、村上の平面作品にも、そうした絵画のもつスケール感がないように思います。コンピュータで下図を作成していることもあるのでしょうが、いくら引きのばしても、曖昧にならない、限りなくクリアなまま、という印象を受けます。

フラットベッドは、上下のはっきりした絵画の制度にかかわる「垂直性」に対立する「水平性」の問題を提起しました。一方、スーパーフラットは、そうした水平や垂直の軸、あるいは透視画法の枠組も解体しており、データが漂う無重力の空間といえるのではないでしょうか。

## 二次元的な建築

建築のスーパーフラットとは何か。これまでの議論を受けて考察すると、以下の二点に要約できるでしょう（拙著『終わりの建築／始まりの建築』ＩＮＡＸ出版）。

まず、立体的なヴォリュームや空間の組み合わせよりも、ファサードがデザインの核と

10—2　アール・アイ・エー　《QFRONT》

なるもの。本来、建築は三次元的な存在ですが、むしろ二次元的な存在に近づきます。ガラス面に文字をプリントした建築は、さまざまな情報が等価に並ぶコンピュータのデスクトップとよく似ています。

たとえば、渋谷駅前の《QFRONT》は、透明なガラスのうえの巨大な映像が最大の特徴です。こうしたイメージは、アジアの都市に触発されたSF映画「ブレードランナー」（一九八二）にも描かれていましたが、公共空間に大きなスクリーンを置いたような雰囲気です。また妹島和世と西沢立衛《りゅうえ》（一九六六〜）のSANAAによる《飯田市小笠原資料館》（一九九九）や《横浜市六ツ川地域ケアプラザ》（二〇〇〇）は、単純な形態ですが、ガラスの皮膜にさまざまなしかけを施している。彼女はガラスがたんに透明なのではなく、周囲の環境を反映しつつ、さまざまなグラデーションを展開しうることに興味を抱きます。

最近、未来社会を描いたSF映画やアニメでは、日常の空間にフラットなスクリーンがあらわれて、情報を得たり、通信をおこなったりするシーンがよく見られます。ひと昔前のSFだと、逆に立体的なヴィジョンを再現するホログラフィの方が、未来的だったのではないでしょうか。こうしたところにもフラットな世界への志向を読みとることができます。家電でも、立体的なヴォリュームをもってしまうブラウン管よりも、大型の薄い平面をもつ液晶テレビや、ホームシアターが売れ筋です。

ところで、スーパーフラットに比較すべき概念として、ステファン・ペレッラが提唱するハイパーサーフェイス・アーキテクチャーが挙げられます。すなわち、イメージが氾濫する都市の風景のように、サインと物質の融合、あるいは情報を発信する皮膜と構造が一体化した建築です。たとえば、デジタル系建築家のNOX、ヤコブ＋マクファーレン、グレッグ・リンらの作品が、これに含まれるでしょう。

スーパーフラットとハイパーサーフェイスは、ともに脱三次元をめざしますが、前者は次元を下げて二・五次元へ、後者は次元を上げて四次元へ向かう。そして前者が文字どおりに平面的な印象をあたえるならば、後者はトポロジカルなぐにゃぐにゃの建築です。さ

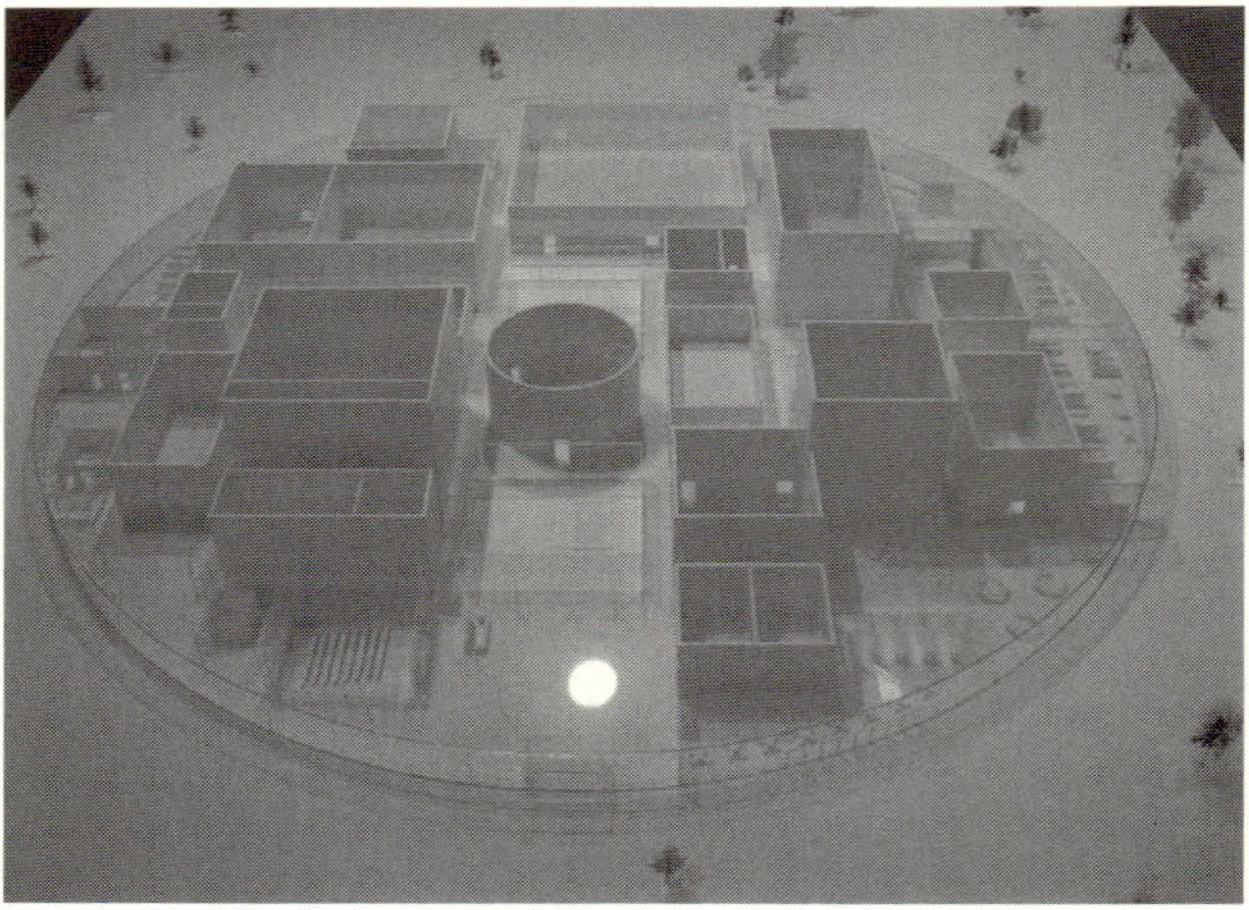

10—3　SANAAによる《金沢二十一世紀美術館》の模型

らにいえば、前者はコンピュータのスクリーンを模倣するのにたいし、後者は画面内で生成される自由な造形の現実化を試みるものです。

## ヒエラルキーの解体

スーパーフラットのもうひとつは、建築におけるヒエラルキーを解体したもの。これはさまざまなレベルで考えられるでしょう。たとえば、表裏の違いや、空間の優劣をつけないプログラムです。

ＳＡＮＡＡの《金沢二十一世紀美術館》（二〇〇四）は、丸い形態により、建物の正面性ができることを避けています。通常、美術館は来場者のための表玄関と、職員や作品の搬出入のための裏まわりを分けています。ところが、《金沢二十一世紀美術館》では、全体が円形になっていることで、そうした違いを生まないように配慮しています。また九〇年代の建築界では、バーコード状に部屋を配置したり、チューブ状の連続した空間に各機能を並べたりする構成が目立つようになりました。つまり、さまざまな機能が並列している。これらもフラットな建築計画といえるでしょう。

建築だけではありません。都市のフィールドワークでいえば、アトリエ・ワンはメイドイントーキョーなどのプロジェクトにおいて、ふつうは無視されるようないわゆるB級建築をすくいあげ、貴族的／大衆的や美／醜といった既存の区別を放棄し、すべての要素を「フラットに見る」という観察の方法を提唱しました。

ヒエラルキーの解体は、部材のレベルでも指摘できます。西沢立衛は、《ウィークエンドハウス》（一九九八）で、構造材、二次構造材、装飾材を分けて使わないことをめざしたといいます。これも通常の建築では、構造材とそれ以外の部材、あるいは構造と装飾のあいだに絶対的なヒエラルキーが存在するのにたいし、それをなくしていくという考え方です。また伊東豊雄は、《桜上水K邸》（二〇〇〇）において、アルミニウムの特性をいかし、構造材と仕上げ材を一体化して序列をなくしています。全体が明瞭に分節されずに、シームレスに各部分がつながっていきます。

10—4　みかんぐみ《シブヤ@フューチャー》

組織論では、九〇年代に注目されたユニット派の若手建築家が含まれるでしょう。カリスマ的な建築家のワンマンではなく、複数のメンバーで共同設計をおこなう。その代表的な存在は、みかんぐみです。昔は、「誰々アトリエ」という芸術家的なもの、あるいは「何々建築研究所」といった堅苦しいものが多かったのですが、これは名前もかわいらしいし、建築家らしくないユニークなものです。じっさい、メンバーの子どもが幼稚園のみかんぐみに所属していたことから、この事務所名がついたそうです。彼らはそれぞれが個としても活動しますし、お互いに対等のパートナーです。またプロジェクトごとに他のユニットともコラボレーションをおこない、自由に活動するのです。

筆者が東浩紀と対談したとき、彼は次のような興味深い発言をしています。

「スーパーフラット」というコンセプトがインパクトをもったのは、アニメーションの問題というより、モニターで見る感覚に関係すると思うのです。絵も写真もモニター上では同じ画像ですよね。両者の境界はデータ上のモーフィングでしかない。……次元間往復のような発想が面白い、と。（『美術手帖』二〇〇三年十月号）

データから立体がそのままつくれるということ――こうした視点から考えると、ぐにゃぐにゃの模型をスキャンして、そのデータを建材の加工にまで連動しているフランク・ゲーリーの《ビルバオ・グッゲンハイム美術館》や、都市の構成要素をすべてデータ化してから、それらを組み換えて設計するMVRDVのプロジェクトなども、スーパーフラット的なデザインといえるかもしれません。

# 第三部　建築はどこへゆくのか

# 第十一章　歴史と記憶――モダニズム、リバイバル、保存

## もはやひとりが通史を書けない時代

いまデザインをやっているひとは、以前に比べると、建築史にたいする興味が少なくなっている気がします。むしろ、近代建築が盛んだったときのほうが、じつは歴史意識が強かったのではないか。たとえば、現在の建築雑誌を開いても、日本の古建築は載っていません。法隆寺や薬師寺が掲載されているのは、せいぜい『芸術新潮』でしょう。

しかし、半世紀前の『新建築』一九五七年八月号を開くと、村野藤吾《とうご》（一八九一～一九八四）の《そごう百貨店》（現ビックカメラ有楽町店）が載っているのですが、同時に《妙喜庵待庵》が載っていたりする。当時の『新建築』では、表紙に古建築の薬師寺が載っている

こともありました。つまり、当時は日本の古建築も同じく重要なデザインソースとして考えられていたのです。これは歴史にたいする意識が変わったからなのですが、一九五〇年代には日本の伝統の淵源をめぐって第八章で触れた白井晟一、川添登らによる「縄文弥生論争」(一九五五〜五六)もあって、戦後のモダニズム建築と、日本の伝統的な建築をどうつなげるかという課題もありました。また当時はヨーロッパに旅行することがあまり簡単にできなかったので、ネタの素材を過去に求め、日本建築から学ぶことも重要だったのかもしれません。

ただ、それ以上にやはり、歴史意識の問題が大きい。モダニズムは一般的には過去の建築のありかたを否定するところから出てくるわけなのですが、一方でじつは歴史の最先端にいるという意識がとても強かった。じっさい、建築の通史が書かれたのは、モダニズム全盛の時代なのです。たとえば、ニコラス・ペヴスナー(一九〇二〜八三)やジークフリート・ギーディオン(一八九三〜一九六八)、日本建築史だと太田博太郎(一九一二〜)。彼らは、だいたい二十世紀のなかごろ、一九四〇年代ぐらいに執筆しています。要するに、モダニズムが広く世界に流布した時期に、建築の通史も完成されたわけです。これは偶然ではないような気がします。

通史というのは、古代から近代、現代までを含む全体をひとりの人が書くものです。ギーディオンは、モダニズム建築を応援するのですけれども、それと並行して、なぜモダニズムは正しいかという、その出生証明書を書くようなかたちで通史を書く。つまり大きな歴史の流れのなかで、最後にモダニズムが誕生するという物語をつくるわけです。そういう意味において、モダニズムと通史というのはつながっているように思います。

逆にいうと現代は、建築史家がひとりで通史を書くのは、とてもこわくてできない。あまりにテーマが細分化されて研究がくわしくなってしまったがために、ひとりで大ナタをふるって大きい歴史を書くことがむずかしい。また現代において、それがどういった意味をもつのかということの位置づけも困難な時代になっている。ポストモダンの時代であれば、まだ過去の建築の様式を引用したり、ネタとして使ったりするというのがあった。教養として建築史を知る意識が残っていたと思うのですが、そういうデザイン自体がある種、否定されているので、そこへの関心はかなり薄くなっている。つまり歴史を知らなくてもいい。じっさい、学生と話をすると、九〇年頃までが近代で、その後が現代という認識をもっています。ポストモダンがなくなっているのです。

## 一直線の進化が信じられなくなった

もっと一般的な話をすると、教養の抑圧がなくなった話とも関係するかもしれません。

まだ八〇年代のポストモダン、ニューアカの時代は教養としていろいろ知っていないとまずいよ、という抑圧があったのですが、九〇年代になってそれが完全に解除されてしまう。そういった流れとも、シンクロしている。

ペヴスナーやギーディオンは、歴史の最後、あるいは完成としてモダニズムを位置づけするために通史を書くわけです。とくに後者は、ヘーゲル的な弁証法によって、大きな物語の構図をつくっています。太田博太郎の場合、本人は明治以降も書くつもりだったらしいのですが、完成したものは江戸で終わっています。彼は一九四〇年代に書きはじめるのですけれども、ナショナリズム的な雰囲気もあって、日本的な建築を論じながら、通史をまとめていく。だから増補が重ねられた太田の『日本建築史序説』(一九四七〜八九)の最初の章に、日本建築に関する大きい物語があります。その後、ひとりで日本建築史を書いたものは、基本的に出ていません。わずかにあったとしても、あくまでも淡々と事実を積み重ねていくスタイルで、太田のように、日本的なものとは何かを論じることがない。

モダニズムには、発展する計画という概念がありました。過去から現在、そして未来に向かって、一直線に時間がつながっている。進化していく考え方があった。ところが一九六〇年代以降は、過去や未来のイメージが錯綜していく。単純に一直線に進化する時間の概念が信じられなくなった。あるいは、歴史への視点が複数化する。たとえば、西洋からみた歴史のまなざしではない、いろいろな相対的な見方も出てきます。そういった意味で大きい物語が成立しなくなる。そうなると、たとえば、建築評論家のチャールズ・ジェンクス（一九三九〜）が複数の系統図を同時並行で並べたように、小さな物語の集積としてしか見取り図を描くことができなくなる。あるいは、時系列で並べるというよりは、シャッフルしたガイドブックや辞書という形式が好まれる。

ただ、こうしたデータベース的な世界の捉え方も、近代以前にないわけではない。たとえば、十八世紀のジャン・ニコラ・ルイ・デュラン（一七六〇〜一八三四）の『比較』という、世界のいろいろな建築の図面を並べた便利な図面集（『デュラン比較建築図集』、原著一八〇〇年）だとか、十七世紀のフィッシャー・フォン・エルラッハ（一六五六〜一七二三）の『歴史的建築図集』（邦題『「歴史的建築の構想」注解』中央公論美術出版）です。バニスター・フレッチャー（一八六六〜一九五三）の『世界建築史』（一八九六〜一九九六）は、現在第二十版で、彼が死んだ後も、別の著者によって増補がつづく不思議な本ですが、これも大きい歴史がなくなっていく。ただひたすら辞書のように分厚くなって、ある意味でとてもデータベース的な存在といえるかもしれません。

通史が成立した時代背景を考えると、歴史と批評がつながっていたという言い方もできるでしょう。ギーディオンが顕著な例なのですけれども、彼は批評家として活躍しなが

11—1　ゴシック・リバイバルの建築　ロンドンのイギリス国会議事堂

ら、歴史家としてもふるまったわけで、歴史と批評をつなぐものとして通史が存在しえた。太田博太郎が日本的なるものを言い切ることも歴史というよりは批評的な作業であって、そういったものを同じひとができていた。しかし、現在は、歴史と批評が分断されています。アカデミックな現場では、そういう方向性が強いので、通史が困難になっている。

## リバイバル

歴史意識をもったときに出てくるデザインとしては、ポストモダンもそうなのですが、過去のリバイバリズムだとか、あるいは保存や復元が出てくると思います。

十九世紀のゴシック・リバイバルを見ましょう。イギリスは産業革命によって急速な近代化が進む一方で、中世のゴシックはよかったというリバイバルが起こるのですが、デザインの形態だけをみるかぎり、過去を美化している後ろ向きの発想です。

ただ同時に思想的な前進がありました。なぜ過去のものがよかったかということを考えたときに、新しい考え方がゴシック・リバイバルのなかで生まれた。デイヴィッド・ワトキン（一九四一〜）という建築史家が『モラリティと建築』という本で分析していることなのですけれども、そこに近代の萌芽が認められます。

たとえば、熱烈な中世主義者の建築家A・W・N・ピュージン（一八一二〜五二）は、中世の時代はみんな神を信じていて、とてもいい社会だった、ゴシック様式はそのすばらしい社会と結びついているデザインだからいいのだという考え方を唱えます。ある時代とその様式を結びつける考え方。これはじつはモダニズムと同じような考え方です。モダニズムは、新しい近代社会ができたのだからそれにふさわしい建築様式があるという、時代とある様式とを結びつける論法がそこに出てくるわけです。やはりゴシック・リバイバルを支えたジョン・ラスキン（一八一九〜一九〇〇）は、正直な建築はよいと考えました。これもモダニズムの構造や機能を隠さない倫理観とつながっていきます。

フランスだと、ヴィオレ・ル・デュク（一八一四〜七九）という大聖堂を修復する建築家が、独特の理論で、中世のゴシック様式がすばらしいのは、非常に合理的につくられていたからだという説明をする。つまり、あらゆる形や細部というのがすべて機能的に理由がつくのだという解釈をするわけです。じっさいは、間違いも多く、思いこみが激しいゴシックの解釈なのですけれども、フランスの啓蒙思想がもたらした合理主義的な解釈を過去のゴシックにむけて照射しているのです。

ある形というのがすべて合理的に説明できるという、この考え方は、まさにモダニズムがもっていた機能主義的な考え方をすでにここで提出しているわけです。つまり、リバイバリズムというのはたんなる過去の反復ではなくて、反復しながらも新しい考え方を生産し、思想的な前進が起きている。そういう意味で過去のものを引き寄せながら変化していく、そういうおもしろさを一方でもっています。

## 時間の戦争？

保存や復元ですけれども、これは政治的・社会的な問題が絡みます。たとえば、ジョサイア・コンドル（一八五二〜一九二〇）設計の有名な《鹿鳴館》。あれは一八八三（明治十六）年に不平等条約改正のため〝文明国日本〟を宣伝すべく外国人接待所として建てられたのですが、一九四〇（昭和十五）年、ちょうど日本が戦争中に解体されます。当時はヨーロッパ的なものを壊すことに反対意見はなく、保存しようなどという話は出なかったそうです。しかし、戦後になると、歴史的な評価も出てくるわけで、《帝国ホテル》を解体するあたりから、近代建築にたいする保存運動も起きて、結果的には愛知県犬山市に明治村がつくられ、そこに部分移築されることになりました。

保存を考えると、いったい時間をどこで止めるのかという問題が起きます。建物というものは、じっさいにつくってしばらくすると用途が変更されたり、使い勝手がよくなかったり、何か不十分なところが発生したりして、やっぱり手を入れる。手を入れた状態で長く経ってしまうと、どの時点がほんとうのその建物の姿なのかわからなくなります。たとえば、東京・表参道の《同潤会アパートメント》の解体時には、保存運動も起きましたが、みんなが愛している同潤会は、必ずしも当初の状態ではない。最初に登場したときは、当時最先端の設備をもつ耐震・耐火の建造物で、住民も文化人が多く、街から浮いているようなある種の違和感のある存在だったはずです。しかし、戦後になって民間に払い下げられ、そのうちお店やギャラリーが入るようになって、当初想定されていない使い方になった。たぶんみんなが愛していた同潤会はその状態なのです。つまり、同じ建物でも時間の変遷によって、ズレがあって異なる状態が生じている。

《東京駅》にしても、戦災でドームが焼けた後、仮に違うものをつくって、その状態でだいぶ時間が経っているのですけれど、以前のドームに戻すことになっている。ただし、戦後の長いあいだ存在していたドームも、それはそれで歴史的に存在したという事実があるわけです。

ベルリンでも、東ドイツ時代にできた《共和国宮殿》(一九七六〜二〇〇五)を壊して、それ以前にあった古典主義の建物(プロイセン王宮を壊した上に建てられていた)を復元するという、同じ場所におけるいくつかの時間のフェーズの問題があります。東西が統一した後、共和国宮殿を壊そうとおもったら、やっぱりそちらに愛着をもっている、東ドイツ時代のノスタルジーを感じる人がいる。これはいってみれば、時間の戦争というか、それぞれの時代ごとの戦いであって、そのどれを選ぶかは政治的な判断もともないます。

日本が韓国を支配していたころ、ソウルの景福宮《キヨンボツグン》(李氏朝鮮の王宮)に、中央の軸線をぶち壊すようなかたちで《朝鮮総督府》という建物がつくられたのですけれど、九〇年代にとり壊しをめぐって議論が起きました。最終的には、一九九六年に解体され、侵略以前の状態に復元されましたが、あえて負の遺産として残すという意見もあったのです。

個人的な意見ですが、景福宮の中心軸を切断するように朝鮮総督府をつくったわけだから、今度は朝鮮総督府の真ん中だけをくり貫いて、二つに切断する方法もあったように思います。アーティストのゴードン・マッタ＝クラーク(一九四三〜七八)が建物を割ったような状態にして残すというやりかたは、ただ壊して消去するよりも、はるかに挑発的ですが。

## 建築の同一性

保存は、一見とても地味なのですけれども、不思議な現象が起きます。たとえば、《帝国ホテル》は一九二三年に竣工しておよそ四十五年間現役でした。しかし、もう少しすると、明治村に移設してからの〃死後の世界〃のほうが長くなる。たぶん、これからもずっと残るでしょう。明治村で帝国ホテルを見ると、その違和感から、楳図かずおの『漂流教室』(一九七二〜七四)を思い出しました。突然、学校が異次元の世界にワープする話ですけれども、帝国ホテルも漂流教室のように存在しているように思います。

保存とは、そもそも建物の同一性とは何か、という、すぐれて哲学的な問いをもっている。じつは、建築の存在を根底から分裂させるようなラディカルな行為なのです。

たとえば、法隆寺も江戸時代に修復したときに、軒に竜が巻きついたつっかえ棒が入れてある。これは当然オリジナルの法隆寺とは関係ないし、それとはそぐわないデザインなのだけれども、江戸時代にそういうことをやっている。しかし、そこから百年以上経っているわけで、これもまた歴史的事実になってしまう。すると、建物を修復・保存するときには、そういうものを全部とっぱらって、創建当初の法隆寺にするのがいいのか、それとも江戸時代を経た法隆寺がいいのか、という判断が必要になります。つまり、同じ建築も時代によって、どんどん変わっていきます。おそらく庭園になると、もっとこの問題がや

11—2　ソウルの旧《朝鮮総督府》と光化門

11—3　明治村の《帝国ホテル》

やこしくなるのではないかと思います。庭園は、建築よりもより移ろいやすいものです。たとえば、植物など、自然の要素が入っていますから。

一方でお城のケースがある。一種のブームみたいな感じで日本各地でお城がどんどん復元される。なかには資料もよくわからないまま建てているものも含まれています。そうなると起源なき復元になってしまう。とにかくそこにかつてお城が在ったという事実だけで、その形はどうやって決めたかよくわからないままに、とにかくできてしまうのです。

これはいわば歴史のテーマパーク化です。しかし、モノを存在させて固定することによって問題も発生します。つまり、本来は違う可能性があったかもしれない。歴史学的に考証しても、百パーセントこうだと言い切れない余白があります。文献や論争のなかでもめている間は、その複数性が保証されているのですが、じっさいにモノとしてつくられてしまうと、特定の仮説が強さをもってしまう。そこにある形はひとつしかないわけなので、ひとつのイメージに収束し、固定されてしまう。

これは怖いことでもあります。日本建築史の研究者・稲垣栄三（一九二六〜二〇〇一）がそういったことにたいする疑問を表明しました。復元をしていく、しかも決着がつかないグレーゾーンがある状態でエイヤと復元してしまうことは、歴史的な想像力を奪ってしまうのではないかと。たしかに、建築という存在は、時代によってすでに変化したり、いったん失われると、百パーセント正確な復元がむずかしいのに、さまざまな可能性を捨てて、一義的に固定してしまう。これは今でも重要な問いかけです。一方、ロバート・ヴェンチューリは、フランクリンの住宅のフレームだけをつくり、想像力の余地を残すようなデザインを試みたこともあります。

平等院鳳凰堂《ほうおう》の正面の池に朱色の橋を復元したときも、けっこうもめていました。橋があったことは事実なのですが、どんな形態の橋なのかはよくわからない。しかし、それでもひとつの可能性だけを選び、復元ができてしまう。歴史の現場は観光と深く結びついているわけで、ユネスコの世界遺産などもそうだと思うのですが、やはり観光重視の立場としては、何かそこにモノがあったほうがいいという話になるわけです。観光客はそこまで深く考えないでしょう。歴史は政治だけでなくて、観光という経済原理にもさらされながら、スリリングな場になっているのです。

# 第十二章　場所と景観
## ——地域主義、ゲニウス・ロキ、ダーティー・リアリズム

### 地域主義

この章では場所に関係するキーワードとして、ゲニウス・ロキ、批判的地域主義、ダーティー・リアリズムなどの概念に触れたいと思います。

まず、地域主義という考え方。まさに言葉どおりですが、世界にはいろいろな固有の場所、エリアがあって、そこにふさわしい建物をつくるデザインがいいのだという立場です。一見あたりまえのことだし、自然の状態ならば、そういうふうに建物はどこでもつくられている。それが明快な考え方をもつようになるには、逆の力がないと、おそらく出てこない。というのは、どこにでも同じような建物がつくれるようになってはじめて、それ

に対抗して場所固有のものをつくらねばならないという考え方が出てくるわけです。

こうした考え方を建築の本で探していくと、もっとも古い建築書、ローマ時代のウィトルウィウスの『建築書』にも見つけることができます。すごくベタな話なのですが、暖かい地域と寒い地域では建物のつくり方を変えたほうがいいと書いている。

逆にいえば、ローマ時代だから可能になった議論であるわけです。つまり、ローマ時代というのは、ヨーロッパだけではなく、アフリカ、中近東にいたるまで一大帝国をつくっていたわけで、同じ建築と都市を広汎なエリアにつくったからこそ、それぞれの場所の違い、差異を発見したのだと思います。

時代が飛びますが、これと似たようなできごとが、戦時下の日本がアジア各地につくった海外神社でも起きます。神社というのは、伊勢神宮をもとにした神明造り（簡素で直線的な形態とされている）がいいとか、格づけがあるのです。それで理念的には同じモデルを海外にもつくろうとするのですが、じっさい日本の気候や風土とまったく違うアジアでは、「この寒さだったらこうしなくてはならない」といった変化を求めることが出てきます。これもねじれたかたちですけれど、神社という建築の型を、それぞれの違う場所に移植しようとして、はじめて気がつく、逆の意味での地域主義——現地の人が気がつくというのではなく、支配して建てる側が気づく——ということが起こっていたわけです。

## 景観の三類型

ここで「ゲニウス・ロキ」という概念について説明したいと思います。これを有名にしたのは日本だと建築史家の鈴木博之（一九四五〜）ですが、西洋でこれに目をつけていたのは、ノルウェーの建築史家にして建築家のクリスチャン・ノルベルク＝シュルツ（一九二六〜二〇〇〇）です。彼はバロックを専門としていました。

シュルツは『ゲニウス・ロキ』という大著を書いています。ゲニウス・ロキという言葉は、ラテン語の「土地、場所の精霊」に由来するのですが、彼は興味深い分析をしていて、世界の風景は三つのパターンに分類できると述べています。ひとつは「ロマン的な景観」、もうひとつは「宇宙的な景観」、そして三番目は「古典的な景観」です。

「ロマン的な景観」というのは、起伏のある山があって、森に囲まれたという、微細な地形に囲まれたエリアです。言葉から想像がつくかもしれませんが、これはおそらくヨーロッパの北方、ゲルマン的と言い換えてもいいでしょう。たとえば、プラハです。

「宇宙的な景観」というのは、わかりやすいと思うのですけれど、要はアフリカとか砂漠だったりするような風景です。ほとんど山などがなくて、天空と大地が出会う、それだけでほとんど景観が形成されている。ある意味ですごくドラマティックに、太陽が昇って沈むとか、宇宙論的なことを実感できるような場所。じっさい、彼はケース・スタディとしてアフリカの都市を挙げています。

三番目の「古典的な景観」と分類されたものは、ギリシアなどのように、海と接していて、明快なイメージをもつ、囲われた領域としての景観のことを指しています。さっきの「ロマン的」がヨーロッパの北方とすれば、これはおそらくヨーロッパの南側の風景を念頭に置いています。ラテン的と言い換えてもいいかもしれない。

ノルベルク＝シュルツがおもしろいのは、三つの景観を分類しているのですが、それらが建築のデザインとつながっているといっているところ。つまり、固有の景観にはそれにふさわしい建築が発生するのだという。

最初の「ロマン的な景観」ですと、いろいろな起伏のある、森や山に囲まれたところでは、細やかな部分が連なった、多様なあらわれのある建築が生まれるといっています。基本的には景観のありかたを建築とそのまま重ねあわせた、あるいは景観の反映としての建築です。

二番目の「宇宙的な景観」でも、単純明快な幾何学によって構成された建物がそこで出てくるという。ピラミッドであるとか、抽象的なイスラムの建築だとかを念頭に置いているのでしょう。

三番目の「古典的な景観」というのは、彼の言葉によると透視図法（遠近法、とくに奥行き線が一点に集中する一点遠近法）を強調したような、明快なイメージをもった建築であるということを挙げています。それぞれの景観の特質と建築を結びあわせているというのが特徴的です。

では現代の建築家でも、こういった特質を引き継いでいるものがいるかというと、たとえば「ロマン的」だと、フィンランドの建築家・デザイナーのアルヴァ・アアルト（一八九八～一九七六）になる。やはり北です。「宇宙的な景観」だとアメリカの建築家、ルイス・カーン（一九〇一～七四）の、原初の幾何学のようなデザインです。たしかにカーンは、エジプト旅行で建築に開眼しました。「古典的な景観」だと、ノルベルク＝シュルツは、ル・コルビュジエを挙げています。

これらはヨーロッパの北と南、そして西洋にとっての他者——アフリカとか砂漠の風景とか——外部ですね、この三つのエリアのタイプを代表しています。

ノルベルク＝シュルツは自然の風景と建築のつながりを論じているので、二十世紀はゲニウス・ロキがなくなっていく時代ということになる。二十世紀の人工的な都市景観は、もはや救いようがなくなってしまう。場所なき場所というか、場所ではない。二十世紀は非場所に向かうわけです。彼はこういったものにたいして否定的な考えをもっています。

12―1　カイロのピラミッド

12―2　ルイス・カーン　《インド経営大学》

では場所なき時代をどう考えるかは、のちに触れようと思います。

## 〝土地の物語〟

もうひとり、先ほどいったゲニウス・ロキを日本で広めた鈴木博之は、ゲニウス・ロキを土地の霊、地霊と訳して唱えています。鈴木のゲニウス・ロキ論は、ノルベルク＝シュルツとは違い、『東京の「地霊」』（文春文庫）という代表作で示されているように、むしろ〝土地の物語〟です。ある土地がもっている固有の物語です。しかも、むしろ近代以降の方に焦点が当たっている。具体的に東京の場所をピックアップして、その土地がどのように変化したか、また地主がどう変わってきたかとか、その土地にまつわるさまざまなエピソード、歴史的な物語を発掘してつないでいく作業をしています。

鈴木としては、都市の歴史というのは制度の歴史だったり、計画者——都市計画をする側からの記述だったりすることにたいする異なった視点を与えようと、もう少し小さな、土地をもっている人の方から歴史を眺め返す視点を出そうとしたのが特徴です。ただし、土居義岳（一九五六〜）という建築史家は、これは不動産の歴史であり、地主の歴史なので、やはり強い側にあるのではないかと指摘していました。

もうひとつ、読みなおしてあらためて気づいたのですが、『東京の「地霊」』は一九八〇

12—3　《アークヒルズ》

年代に書かれている。これはやはりバブルの時代において、バブルへの批判もあったのだな、というのがわかります。いま思い返してみると、バブルの時代に土地がどんどん地上げされ——今また民営化が叫ばれていますが——八〇年代も民活（制度的には、一九八六年制定の、民間事業者の能力の活用による特定施設の整備の促進に関する臨時措置法にもとづく事業）で赤坂、六本木地域の《アークヒルズ》（一九八六）など、国がもっていた土地を民間に売って開発を始めていった時期なので、それにたいする批判的な意味あいもあったといえるでしょう。再び東京が似たような状況になろうとしているのではないかと思うので、そういう意味で興味深い本です。

ただ、先ほどのノルベルク＝シュルツは、

はっきりと景観と建築のありかたをつなげていて、一種のデザイン論として、つくる理論として展開しているのにたいし、鈴木の方はどう建築をデザインするかではなく、都市を解釈する方法として「ゲニウス・ロキ」を提示しているわけです。そういう意味で、同じ「ゲニウス・ロキ」という言葉を使ってはいても、この二人はかなり違います。

## モダニズムへの反動

話が戻るのですけれども、各地に同じものをつくるという動きにたいする反動として地域主義が起こるわけです。たとえば、二十世紀の歴史でいえば、モダニズム建築にはある意味で根なし草的なところがあって、じっさいのちに「インターナショナル・スタイル」という別のラベルを貼られるのですけれど、場所に限定されない、どこでも同じような様式として立ち上がります。それにたいする反動が、一九三〇年代のヨーロッパで起こるわけです。

有名なのは、ドイツのナチスが、インターナショナルなデザイン運動を推進したバウハウスを弾圧して、そのかわりにドイツに根差した建築を提案した例。ハイマート様式（故郷様式）というかたちで、昔ながらの切妻の屋根が乗っているものを推奨する。近代建築は三角屋根をとり除き、フラットな陸屋根にしているわけですから、そういうところで対抗するわけです。

公共の大建築になると、アルベルト・シュペーア（一九〇五〜八一）というヒトラーを支え、軍需大臣にもなった建築家が壮大な古典主義様式を前面に打ち出して、モダニズムに対抗するわけです。そういう意味で、地域主義というのは全体主義的なものに結びつきやすい。

12—4　シュペーアのベルリン改造計画
（『未来都市の考古学』より）

あるいは、すごく安易な観光地の地域主義もあります。観光地に行くと、ほとんど記号化された地域のデザインのマークをくっつけた俗っぽい建築もあります。こうした地域主義にたいして異を唱えているのが、ケネス・フランプトン（一九三〇〜）という人です。彼も、一九八〇年代くらいからクリティカル・リージョナリズム、つまり批判的地域主義の概念を唱えています。つまり、地域主義にたいする批判でもあるわけです。

彼が批判しようとしているのは、いま挙げたような、狭い視野に陥ってしまう全体主義的な地域主義とか、観光地のとても安易な記号としての地域主義です。この型さえつけばこの地域のマークですよ、という視覚的な記号操作だけで構成される地域主義を嫌っています。

**批判的地域主義**

フランプトンが唱える地域主義は、そういったものに抵抗する。彼がいうところの「悪い地域主義」は、やりかたを狭めてしまうのにたいして、より開放的な地域主義を掲げるわけです。ケネス・フランプトンは、普遍的なものと、固有なもの、このふたつのベクトルをうまく調停させたもの、それが「批判的地域主義」だというふうに言っています。

普遍的なものというのは、二十世紀のテクノロジーとか、ある共通に練り上げられたバックグラウンドがあって、それは必ずしも後ろ向きではない。木造でなければだめ、とかそういうことではなくて、鉄筋コンクリートでも、われわれにとっては普遍的になっているわけです。一方、固有のものというのは、それぞれの地域がもっているさまざまな伝統や感覚です。そのふたつをいわば弁証法的に調停する、一見対立するその二つのものを融合させて、昇華させたものが批判的地域主義だと考えました。ただ後ろ向きな地域主義ではないというのがミソです。

フランプトンは設計もやっていたので、割と技術に強い建築史家でもある。それでさきほどいった記号的なものを嫌う。それはポストモダンが、きわめて視覚的な記号の操作に没頭したことへの批判でもあります。

たとえば、ヴェンチューリとかイギリスの建築評論家、チャールズ・ジェンクスのように、建築をコミュニケーションの問題に単純に還元する方法。これは極論すると、どういう看板をつけるかという視覚の話です。

フランプトンは、そうした傾向を批判し、たんに場所の記号があるのではなく、その素材であるとか、地域固有の技術だとか、あるいは触覚に訴えるような建築を推奨します。視覚的なものだけを偏重していたポストモダンにたいして、手触りだとか、そこで響いてくる音だとか、そういった五感をフルに喚起させる、経験としての空間。そういったものを重視して、批判的地域主義というふうに呼んでいます。

具体的にフランプトンが高く評価するのは、日本だったら安藤忠雄だったり、スペインのラファエル・モネオ（一九三七〜）だとか、デンマークのヨーン・ウッツォン（一九一八〜）です。たとえば、安藤の建築はモダニズムの語法にのっています。コンクリート打ち放しで幾何学的な造形。その一方で、身体性を強く呼び覚ますような肉厚のある空間のつくり方だとか、場所の読み方について評価しています。しかし、象設計集団のようなバナキュラー性（その土地の固有性）を強烈に発揮する建築だと、ちょっと後ろ向きのベクトルが強すぎる。普遍的な性格が弱いかもしれません。だけど、メキシコのルイス・バラガン（一九〇二～八八）だったら、モダニズムのフォーマットを使いながら、地域性を感じさせるので、批判的地域主義といえるでしょう。

批判的地域主義とは、いちおう近代という普遍的なものを物差しにして、その偏差みたいな位置づけで、世界各地の建築家を評価していく考え方です。ヨーロッパから見た日本のポジションとしては、テレビ番組で「こういうキャラの外人タレントの枠が必要」といった感じと似ているかもしれません。

日本人はけっこう驚くのではないかと思うのですが、ケネス・フランプトンの『現代建築史』（青土社）では日本の動向はブラジルと横並びで同じ章に入っています。要するに、ヨーロッパの人から見ると日本とブラジルは、周辺の国ながらよくモダニズムを勉強して頑張っているといった感じなのではないか。日本人の多くはまさかブラジルと隣りあわせに括られているとは思いもしないでしょうが、事実、彼らの目にはそう映じているわけです。

## ダーティー・リアリズム

じつはこの批判的地域主義という同じ言葉を使っている別の人たちがいます。それはアレキサンダー・ツォニス（一九三七～）と、文系出身の論客リアーヌ・ルフェーヴルという二人組です。ただし、彼らは少しちがうニュアンスでいっています。フランプトンの批判的地域主義が、普遍的なものと固有的なものの調停だとすれば、ツォニス＋ルフェーヴルがいうそれは、ヴィクトル・シクロフスキー（一八九三～一九八四）の異化作用に依拠しているように、ショックを与えるようなものです。

ですから、ある文脈にたいして、異物を挿入することによって、逆説的に場所性を強く喚起させるようなものを批判的地域主義と呼んでいます。彼らが挙げた事例を紹介すると、ラファエル・モネオの《国立古代ローマ博物館》は、遺跡のグリッドとわざとずらした新しい構築物のグリッドをぶつけることで、印象的な空間をつくります。ゲニウス・ロキでも、研究者によって違う意味あいをもつのと同じように、ツォニス＋ルフェーヴルの場合、同化するのではなく、異化を起こすことによって、かえって地域性を意識させることを意図しているのです。

ツォニス＋ルフェーヴルは、「ダーティー・リアリズム」というコンセプトも出しています。これが現代的な場所の考え方で非常におもしろいのですが、やはり消費社会の醜い日常生活を観察する小説についての文芸批評の概念からヒントを得ています。

さきほど、ノルベルク＝シュルツのゲニウス・ロキの考え方だと、二十世紀に出てきた場所はほとんど、場所なき場所になってしまうといいました。たしかにノルベルク＝シュルツのゲニウス・ロキというのはほんとうに恵まれた環境です。たとえば、以前、建築家の青木茂（一九四八〜）の故郷、大分の蒲江町に行ったら、海や山に囲まれた小世界がありました。まさにゲニウス・ロキは、こういった風景だとはっきりと意識できる場所です。しかし、現実の都市はほとんどそうした場所をもたない。釜山《プサン》は、どうしようもない現代都市だけれど、その一方でいつも山に囲まれているという故郷的な風景をもつ希有なところですが、それは例外的です。

そこでひとつの考え方としておもしろいのが、ダーティー・リアリズムの概念です。言葉どおりにいくと、リアリズム／現実主義にダーティー／汚れたといった意味がついているわけですが、ダーティー・リアリズムというのは、コンクリートとアスファルトの街のどうしようもない場所において作動するものです。

たとえば、かつては栄えた廃墟のような産業地区。あるいは、鉄道駅やゴミ処理場。そうした工業的な風景に目を向けているのが、ツォニス＋ルフェーヴルなのです。彼らがネ

12―5　蒲江町の風景（上）
12―6　コールハース高架下の《ＩＩＴキャンパスセンター》（下）

ガティブな属性をもった場所にたいして提案しているのは、そういう場所の性格をお化粧で隠すことではありません。

渋谷のドブ川のうえにフェイクの春の小川をつくったり、日本橋上の首都高を撤去して親水公園をつくれば、おそらくキッチュなものになるでしょう。ツォニス+ルフェーヴルはむしろ、場所の否定的な性格を鏡で映しこむというか、より歪ませながら強化するようなかたちで、その属性を引き受けた建築をつくる戦略をとるべきだという。荒々しい工業部材でできたような建築が、ある意味において荒《すさ》んだ風景のなかに建つと、逆にある魅力をもつのではないかという考え方です。僕の整理によれば、マイナス×マイナスがプラスになるような発想だと思うのです。

具体的にどういう建築がそれに当てはまるかというと、ツォニス+ルフェーヴルが挙げているのは、フランスの建築家、ジャン・ヌーヴェル（一九四五〜）だとかレム・コールハース。たとえば、シカゴのIITキャンパスセンターでは、上を通過する鉄道の高架によって、屋根がひしゃげているのだけれど、それが内部空間に豊かな実りをもたらしている。あるいはミルト・ヴィタール。アーティストの川俣正（一九五三〜）が、炭坑跡のコールマイン田川でやっているプロジェクトも、廃材で構築物を組み立てるわけですから、そうした雰囲気があるかもしれません。ともあれ、そういった建築は、安い工業部材などを使いながら、崇高な雰囲気さえただよわせることがある。ふつう、どうしようもないと思われている場所におもしろい建築をつくっていく手法です。そのあたりのところを評価してダーティー・リアリズムといっています。現在、こういう風景が圧倒的に多いし、今後も増えるでしょう。だから、場所を考えるうえで興味深い戦略ではないか、と思います。

# 第十三章　ビルディングタイプ――監獄とコンビニ

## ゴシックで住宅を建てると……

ビルディングタイプとは、言葉どおり、建物の種類のことを指します。建築の場合は、学校や病院など各施設のことを指して、ビルディングタイプといっています。

これに関して、建築史家のニコラス・ペヴスナーが『ヒストリー・オブ・ビルディングタイプ』（未邦訳）という本を書いています。章立てを見ていくと、最初のほうに歴史的な記憶をとどめるモニュメントがあって、最後のほうの章は商業施設になっている。この構成が、どういう建築に重きがおかれてきたのか、という推移とほぼ重なっています。じっさい、西洋建築史では、古代中世は宗教建築がメインです。その時代、建築の最先端が、

13―1　妻木頼黄　《旧横浜正金銀行本店》(現神奈川県立歴史博物館)

そこに特化してあらわれていたからです。近世からパラッツォや公共施設が出てきたように、それぞれの時代に活躍したビルディングタイプは変化しました。

ペヴスナーの本は限界もあって、基本的には様式や外観の話が主に取りあげられていて、それぞれのビルディングタイプにどういう様式がふさわしいか、つまりゴシックがいいとか、古典主義がいいとか、そういう話の記述が比較的多い。

ただ、どういう様式にするかも重要です。ある意味でキャラクターの問題です。建物にどういう性格を与えるかは、様式の概念と結びつきます。たとえば、日本の近代建築でも、銀行はほとんど古典主義です。その様式の重厚で堅牢なイメージが、銀行にふさわしかったわけです。

それにたいして、東大とか慶応とか大学のキャンパス施設には、ゴシックの様式が入る。ヨーロッパの大学は、もともと宗教関係の施設から発展したものが多いからです。大学という制度だけではなく、様式のイメージもいっしょに日本に輸入されたわけです。あるいは十九世紀のロンドンで、国会議事堂が火災になった後、コンペになるのですが、ゴシックがイギリス的なものだという考えがありました。ゴシック・リバイバルの流れとともに、国家のキャラクターにゴシックが選択されたわけです。

僕が調べている結婚式教会も、様式のキャラクターが重要な意味をもっています。というのは、ウエディング・チャペルはほとんどゴシック様式です。これは日本人のなかで、「教会はゴシックだ」というイメージが強いからでしょう。ふつうの教会と比べるとおもしろいのですが、戦後に建った信者のいる本物の教会は、じつはゴシック様式にはこだわりがない。しかし日本近代の、キリスト教が解禁になったころの教会は、比較的ゴシック様式を模倣しました。

ただ、そもそも教会建築は信者が集まる場所なので、ゴシックかどうかは本質的な問題ではありません。逆に、ウエディング・チャペルで式を挙げる人には、宗教心よりも、それが教会らしいイメージをもっていることが重要です。だから、ゴシックにこだわる。結婚式教会を調べていくと、最近ハウス・ウェディングがあって、これは教会ではなく、ヨーロッパふうの館のホストになって知人を招くという、住宅をベースにした結婚式のスタイルです。これは逆に、白い古典主義が圧倒的に多い。結婚式教会とハウス・ウェディングで様式の棲み分けがなされていて、片方がゴシック、片方が古典主義になっています。深読みすると、住宅をゴシック・スタイルでつくると、これはお化け屋敷に見えてしまう。だいたいテーマパークでお化け屋敷に行くと、東京ディズニーランドのホーンテッドマンションもそうですが、基本的にはゴシックですね。これは故なきことではなくて、もともと「ゴシック小説」という小説のジャンルは怪奇小説を指す。ゴシックの様式と、おどろおどろしいイメージがつながっているところから、そういう棲み分けが生じたと思われます。

## パノプティコン

ビルディングタイプの議論で興味深いのは、プログラムあるいは社会や空間の制度とつながるところです。こうした考え方を明快に示したのは、思想家のミシェル・フーコー(一九二六~八四)で、有名なテクストに『監獄の誕生』(新潮社、原題『監視と処罰』)があります。この本のなかで建築の人がしばしば引きあいに出す部分というのは、ジェレミ・ベンサム（一七四八〜一八三二）の考えた「パノプティコン」という監獄のシステムをフーコーが分析した箇所に集中しています。これは一望監視装置と呼ばれる空間タイプで、真ん中に看守の塔があって、その周りをドーナツ形の建築が囲みます。そのリングは、細かくセルの独房に仕切られた囚人の部屋が並んでいます。

これは究極の監獄で、最小の努力で最大の効果をあげられる効率的なシステムをもちます。中央の看守から囚人を見ることはできるけれども、囚人はいま自分が見られているかどうかわからない、という視線の非対称性がポイントです。とりあえず、ひとりの看守がいれば多くの人を監視できます。それまでの監獄が重苦しい石の建築のなかに閉じこめられていたものだとすれば、パノプティコンは明るくて透明な監獄です。従来のものが石の壁に幽閉された囚人が、一生出られないような監獄だとすれば、パノプティコンは、犯罪者を矯正して、社会にもう一度復帰させるものです。そのさい、「自分を見ている誰か」という超越的な他者の視線を囚人の頭のなかに植えつける装置として作動するのです。

このシステムが優れているのは、囚人だけではなく、看守もまた非人間化されていることです。つまり、看守の性格によってイレギュラーな事態が起きることがない。看守と囚人が日常的に接触する監獄だと、トム・ハンクスが出演した「グリーンマイル」という映画（一九九九）のように、囚人に思い入れを深くしてしまった看守が、一時的に監獄の外に連れ出してやったりしてしまう。へたをすれば、脱獄の手助けもするかもしれない。これはシステムとしては不完全です。でもパノプティコンの場合は、十分に離れていることから、そういう接触を拒否している。看守もまた歯車のひとつとして機械化されていて、誤作動が起きない、パーフェクトな監獄になっています。

ただこのシステムのほんとうにすごいところは、じつは看守がいなくても成立するというところなのです。かりに看守がひとりいるとしてお話ししましたが、真ん中の塔に誰もいなくても問題がない。なぜかというと、囚人はいつ自分が見られているかわからない、ということは看守が塔のなかにいるかどうかも判別できないからです。つまり、じつは零人で多数の囚人を監視できるという究極のマシーンです。こうした空間の配置とビルディングタイプをうまくつなげて、近代のモデルとして提示したのがフーコーの功績です。

## 神殿か獄舎か

ペヴスナーの議論が外側からの様式論が多いのにたいして、フーコーの視点は内側から建築計画学的に読んでいくことが可能です。フーコーは近代の効率的な機械のような建築として監獄をクローズアップしましたが、この監獄を、まったく違った別の読み方をしている建築評論家がいます。長谷川堯の『神殿か獄舎か』(相模書房)では、神殿と獄舎という二つのビルディングタイプを対峙させています。神殿タイプはとにかく、モニュメンタルな外側の建築です。ギリシア神殿も基本的には外部の建築です。一方、長谷川が獄舎に注目したのは、反省的な内部空間があるからです。じっくりと考えるような、ある種の「内部性」が豊かなものの代表です。彼はこれを肯定的な意味で論じています。

なぜ神殿タイプと獄舎タイプに分けたかというと、日本の近代建築の系譜を考えたときに、明治時代の建築家は国家を背負う必要があったので、神殿タイプになる。国家の威信をかけたものだった。それにたいして大正時代の建築は、じっさい建築史でいうと分離派の人が出てくるわけで、ロマン主義的なものですね。そういう大正時代の建築家の内面性を見つめていくような態度の空間を獄舎タイプと考えたのですね。たとえば、大正時代に後藤慶二(一八八三〜一九一九)は、豊多摩監獄(中野刑務所、一九一五年竣工)をデザインしました。ですから、フーコーは批判的に監獄を論じたのにたいし、意外に思われるかもしれないですが、長谷川は獄舎タイプの方を、神殿タイプよりもよいものとして位置づけています。

二つの系譜を変奏すると、丹下健三対村野藤吾になります。丹下健三はいうまでもなく神殿タイプ、モニュメンタルな建築をつくる人です。一方、村野藤吾は豊かな内面をもった建築家として位置づけられます。じっさい、長谷川は一貫して、丹下健三的なものを批判して、村野藤吾的なものを擁護しました。彼は、オスの建築／メスの建築という論じ方もしますが、前者が神殿、後者が獄舎の言い換えです。ですから、ビルディングタイプの議論をある建築のモデルとみなして思考することもできるわけです。

## ビルディングタイプ内のヒエラルキー

モダニズムは、よく知られているように、工場やサイロを理想的なモデルに掲げました。装飾を剥ぎ取った機能主義的なシステムから、建築のヴォリュームや構成、空間やプログラムが決定されたからです。様式から考えなければいけない建築家とはまったく違うタイプの発想です。

13—2　オフィスビルのプロトタイプ
ミースの《シーグラムビル》

同じように二十世紀に重要になったビルディングタイプとしては、他に集合住宅も挙げられると思います。オフィスビルもそうです。均質な空間を積層させて、効率的な空間をつくる。高層ビルはただ高い建物をつくっても階段だけではほとんど使えないので、エレベータが十九世紀の後半に登場したことも後押ししています。

二十世紀に都市化は進むわけですが、働く場所と住む場所を分ける職住分離がおこなわれます。都心のオフィスビルと対になって出てくる、空間のプロトタイプは、郊外住宅です。これらは双子のように登場した二つのビルディングタイプです。ジョアン・オックマンのジェンダー的な建築論（Joan Ockman『10＋1』のNo.14に訳された論考「鏡像：第二次世界大戦以降のアメリカ建築における、技術、消費とジェンダーの表現」）は、二十世紀におけるオフィスビルを男性が働く空間、一方で郊外住宅を女性が残って働く空間として、同時に生産されたことを指摘しました。

二十世紀において宗教建築はかつてのような勢いはなくなる。その代わりに、公共施設が建築家の重要な仕事になります。とくに美術館は、建築家が自分の表現を最大に発揮できるビルディングタイプとして特別な扱いになります。じっさい、大学の設計課題でも、美術館や図書館は必ず一度はこなさなければいけない施設になっています。

逆に商業施設は非常に低く見られている。学校の課題でも、あまり登場しない。要するに、ビルディングタイプのなかにもヒエラルキーがあって、美術館や図書館、学校は建築家としてやりがいのある仕事だけれども、商業施設は一段低く見られている節があります。

## 商業建築の地位上昇

じっさい、近代建築家は商業施設を蔑《さげす》んでいました。そういった流れが変わるのも一九六〇年代のポストモダン以降です。ヴェンチューリがラスベガスの商業施設に注目して、そこから新しい建築のつくり方を提示しました。あるいは一九七〇年代に日本のポストモダンの建築家、竹山実（一九三四〜）が、歌舞伎町の雑居ビルを手がけ、記号としての建築をつくる。つまり、二十世紀後半になると、商業施設は比較的注目されるようになります。

八〇年代のバブル経済のときも、商業施設がトピックになりますが、九〇年代の後半からは、ブランドの建築がかつてない勢いを占めています。ルイ・ヴィトンやディオールなどのスーパーブランドが有名建築家と組んで、実験的な建築をつくる。これは長い建築の歴史のなかでみても、未曾有《みぞう》の事態といえるでしょう。

ポストモダンのときは記号的なデザインで、わりと書き割的なものでした。大正時代に戻ると、関東大震災の後に、バラック装飾社というのが立ち上がって、今和次郎《こんわじろう》（一八八八〜一九七三）ほかが、商業施設を手がけたことがありました。看板建築といわれるものも、このころにできたものです。しかし、分離派の滝沢真弓が、これは芸術ではないと批判し、論争が起こりました。芸術としての建築を標榜する分離派から見ると、商業建築はとても芸術としては認められないという見方があるわけです。

村野藤吾も一貫して百貨店やホテルなどを手がけているのですが、昔の『新建築』を見ていると、商業建築のことを「消費建築」と呼んでいます。たしかに、永遠に残ってゆくモニュメンタルな建築にたいして、流行を追いかける商業建築は、どうしても移ろい変わりゆくものです。

ただ、現在のスーパーブランドの建築は、ある種仮設であるがゆえに実験的なことを試みる最先端の場所にもなっている。これについては、万博のパビリオンと似ているように思われます。

万博は十九世紀の後半に始まってから、ずっと建築の技術革新の機会として機能していました。エッフェル塔にしても水晶宮にしても、その時代の最先端のテクノロジーを、仮設であるがゆえに試すことができたわけです。一九七〇年の大阪万博でも空気膜構造がいっせいに開花したのですが、そう考えるとブランドの建築は、わりあいかつての万博のパビリオンのような役割をはたしている。建築の技術革新と結びついています。

13―3　伊藤豊雄　《せんだいメディアテーク》

## コンビニと漫画喫茶

最近、注目されているビルディングタイプは、コンビニエンス・ストアです。伊東豊雄も関心をもって言及している。かつて近代が工場をモデルにしたとすれば、情報化時代の新しい施設のありかたとして、コンビニエンス・ストアを参照しています。

じっさい、《せんだいメディアテーク》のコンペでも、コンビニに言及している案はいくつかありました。文化のコンビニエンス・ストアなのです。コンビニは、敷居が低く、誰でもが気軽に入れる場所。かつ情報端末とつながっていて、情報テクノロジーの恩恵を完全に受けている。しかも、シングル・ファンクションではなく、いろいろなものが混じっている。かつては、お米屋さんならお米しか売っていないし、本屋さんなら本しか売っていなかった。それぞれ切り分けられていたものが、同じ店舗で混ざっているわけですね。そういう意味で、新しい時代の建築のモデルとして注目されている。

僕が個人的に興味深いと思っているビルディングタイプは、漫画喫茶です。もちろん、世界的に見ても高いレベルでの漫画文化の興隆が、こうした場所をつくっています。しかし、それだけではありません。日本ではインターネット・カフェがとうとう定着しなかったと思います。一方、ヨーロッパだと、インターネット・カフェが駅前などにいっぱいあって、インターネット・カフェというジャンルの空間が成立しています。その代わりに日本では、漫画喫茶に吸収されるようなかたちで同じ機能の場所が定着しました。

ただ、これもシングル・ファンクションではありません。漫画喫茶には、漫画もあるし、ゲームもできるし、テレビも見られるし、インターネットもできるし、仮眠室としても使われます。学生が安い旅行を国内でするときは漫画喫茶で寝ています。日本では公共のセーフティ・ネットが充実していない代わりに、ダンボールハウスの手前で、定住する場がない人がネットカフェ難民になるという問題も指摘されていますね。もっとも進化の激しい新宿では、ネイルサロン、カラオケ部屋、マッサージ機を装備したり、おしゃれなショットバー風の空間も出現しています。あるとき、個室にこもって本と向きあう風景を見ながら、修道院を思い出しました。いずれも最小限の部屋が並ぶ施設です。しかし、現代の修道院では、聖書ではなく、漫画を読んでいるのですが。お金を課金するという意味では公共施設になりえていないのですけれども、そこで発生している行為はきわめて未来的というか、新しい可能性をもっている。

漫画喫茶で起きている事態は、それこそ小さなメディアテークではないかなと思うのです。《せんだいメディアテーク》のコンペは九五年におこなわれたのですが、もしいま同じようなコンペがおこなわれたら、こんどはたぶん、コンビニエンス・ストアではなくて、漫画喫茶を空間のモデルとして提案するプロジェクトが出るのではないかと思います。

# 第十四章　情報——「見えない都市」の交通

## モバイル社会の空間

いろいろな大学で学生の卒業設計を見る機会が増えているのですが、情報化、あるいはモバイル社会を意識したプロジェクトに出会うことが少なくありません。若い世代だけに、ケータイが日常化しており、新しいテクノロジーへの関心が強いからでしょう。これはごく自然な感覚だと思います。

たとえば、都立大（首都大学東京）のある学生は、自由が丘の駅を改造することで、プラットホームや商業施設が複雑に絡まりあい、駅と都市の領域を曖昧にすることを提案していました。彼が強調していたのは、改札がなく、駅の外部と内部が分断されないこと。

ただし、チェックポイントを通過すると、自動的に課金されるケータイのシステムを導入するといいます。

また東北大のある学生は、ゲートのない図書館を構想していました。複数のエントランスをもち、どこからでも自由に出入りができる。そして貸出しカウンターに立ち寄る必要もなくなります。やはり、ICタグなどのセキュリティのシステムを採用することで、開かれた図書館が実現します。いずれも情報技術の発展によって、建築を成立させる基本的な要素である壁をなくし、流動的な空間が想像されているのです。

こうした考え方の先駆的な事例としては、一九九五年の《せんだいメディアテーク》のコンペにおける古谷誠章《のぶあき》＋杉浦久子の落選案が挙げられるでしょう。彼らは、「錯綜の杜《もり》」というコンセプトを掲げ、複数の機能をシャッフルしたような空間をめざしました。機能ごとに完全にわかれているのではなく、混ざっているのです。すなわち、どこもが図書館であり、どこもがギャラリーであり、映像ライブラリーになりうること。たとえば本も、整理番号に従って棚の定められた場所に戻す必要はなく、好きなところに返却すればよい。

おそらく空間はどんどん複雑になり、どこにどんな本があるのかもわからないので、初めて訪れた人は使いにくいでしょう。不親切でさえあるかもしれません。ですから、雑然とした施設を使いこなすために、高性能の端末「ナビパル」のシステムも構想されました。ユビキタス・コンピュータの環境を前提にしたプロジェクトといえます。当時の技術では困難なものだったかもしれませんが、時代を先どりしていたからで、現在から振り返ると重要なプロジェクトだったことがわかります。

日本初のメディアテークという施設だけに、このコンペでは建築の情報化が問われていました。これに勝利し、実現された伊東豊雄の《せんだいメディアテーク》（一九九九）も、情報化社会をイメージしたデザインといえるでしょう。ただし、プログラムやソフトの問題よりも、透明なスキンやチューブなど、あくまでも建築デザインのレベルにおいて新しい時代の精神を表現していました。

**交通ネットワーク**

では、これまでに日本の建築家は、いかに情報化社会を構想してきたのでしょうか。

ごつごつとしたモニュメンタルなデザインが多いので、意外に思われるかもしれませんが、おそらく最初に情報化を意識したのは、二〇〇五年に亡くなった丹下健三です。海外の建築家と比べても、彼は、かなり早い時期に情報化社会の到来と空間の変容について指摘しました。一九六二年に丹下は、こう述べています。

……コミュニケーション・テクノロジーは急激に変化するでしょう。この変化は社会構造を根本的に変えてしまうでしょう。……適当な例として、自動車が挙げられます。自動車はそれ自体のもつ機能以上の多くの影響を与えると思います。極端ないい方をすれば、空間はコミュニケーションのために存在し、自動車はひとつのものを別のものとつなぐ役割を果たすのです。よってコミュニケーションの役割を建築の内部、外部に使うと、建築と都市の考え方が展開されるでしょう。それゆえコミュニケーション・テクノロジー、もしくはそれによって起こる社会構造の変化は、建築の未来を根本的に変えてしまうでしょう。（ジョン・ピーター編『近代建築の証言』TOTO出版）

じっさい、丹下の有名な都市プロジェクト、《東京計画1960》（一九六一）は、人口増加に対応すべく東京湾に人工地盤をつくることだけではなく、「目に見えないネットワーク」、すなわち「電話、ラジオ、テレビ、さらに携帯電話、テレビ電話などの間接的コミュニケーションの手段も、直接的接触の要求と必要性をますます誘発」し、流動性の高い都市が出現することを予言しています（『新建築』一九六一年三月号）。驚くべきことに、一九六一年の段階で「携帯電話」にも言及しています。ただ、クルマなどによる物理的な移動が増えることに主眼を置いています。したがって、情報化を唱えながらも、けっきょくは具体的な交通システムの問題に置き換えられています。これが時代の限界かもしれません。

ただし、これまでの都市がもっていた閉じた「求心型・放射状システム」から、開いた系である「線型・平行射状システム」への移行を唱えていたことは評価できると思います。なぜならば、中心分散型の構造を推奨していて、インターネットのシステムにも重なるからです。ちなみに、この三十年後、丹下は、《東京新都庁舎》（一九九一）の外壁デザインのパターンに集積回路をイメージしたモチーフを採用しますが、あくまでもシンボルとしての情報でした。

## カプセル建築

情報化を意識した次世代の建築家としては、丹下の門下生である黒川紀章と磯崎新が挙げられるでしょう。じつは、二人ともに《東京計画１９６０》のプロジェクトに参加していました。

黒川は、情報化社会を提唱しつつ、三つのトピックに分けて論じています（黒川紀章『情報列島日本の将来』第三文明社)。第一に、人間と密着したかたちで展開されるカプセル空間論。第二に、人間情報体が群として集まったときの情報都市論。そして第三に、移動する人間、すなわちホモ・モーベンスのための移動空間論です。彼は、こう述べています。

建築における情報技術とは何か。……それに対する一つのアプローチとして、私が考えていることは、建築とか、都市の機能、あるいは空間を、社会的な耐用年数に分けて考える、ということだ。

つまり、それぞれの部分が交換可能になることで、ダイナミックに変動する社会に対応させているのです。

同時代のイギリスの建築家集団アーキグラムも、電気コンセントのように、各部分が取りはずしできるプラグ・イン・シティというユートピア的なプロジェクトにおいて類似するアイデアを発表していました。ともあれ、これは黒川の関与していたメタボリズム(新陳代謝)の建築運動と共振しつつ、カプセル宣言に結びつく。そしてアメリカのトレーラーハウスなどにもヒントを得て、建築の単位空間が動くことを提案する。つまり、移動するクルマが建築のメタファーになっていました。カプセル宣言によれば、「人間と機械と

14—1　黒川紀章　《中銀カプセルタワービル》

空間が、対立関係をこえて新しい有機体をつくる。……建築は、これからますます装置化の道をたどるであろう」。

丹下と同様、人が激しく移動する社会が想像されていますが、取りはずし可能なカプセル建築という物理的なかたちが与えられています。たとえば、黒川の《中銀カプセルタワービル》（一九七一）は、電化製品や家具、オーディオ、テレビ、電話などがあらかじめ組みこまれ、装置化されたカプセルの集積としてデザインされました。現代から考えると、もはや電話やパソコン、あるいはオーディオやテレビもモバイル化し、建築と合体する必要はないのですが、一九七〇年代初頭の未来イメージとして興味深いものです。

一九八〇年代の終わりに彼は、『新遊牧騎馬民族ノマドの時代　情報化社会のライフスタイル』（徳間書店）という著作において、「情報化社会はシンボリズムの時代になるだろう」と予言しています。工業化社会のモダニズムは機械をメタファーとしており、機能主義によって形態を決定することができましたが、情報化社会では機能と形態の関係が目に見えないものになります。つまり、ブラックボックス化すると、今度はふたたびシンボルが重視されるのです。そこで彼は、このように予言しました。

情報化社会の都市や建築や製品のデザインは、文学や詩のように象徴的で多義的な付加価値を持つものとなるのであろう。

すなわち、機能的な信号や番地を頼りにする工業化社会ではなく、歩きながら街の物語性を解読できる情報化社会がやってくるというわけです。

## 見えない都市

次に磯崎のヴィジョンを検討してみましょう。彼は、すでに一九六七年に「見えない都市」というキーワードを提出しています（『空間へ』鹿島出版会）。すなわち、物理的な実体よりも、揺れ動く記号の集積として都市が形成されているというのです。このときは文学的な表現にとどまっていましたが、一九七二年に《コンピューター・エイディッド・シティ》というプロジェクトを具体的に提案します。

都市の中枢に超大型の情報処理機構をつくることで、市役所、図書館、学校、ショッピング・センターなどのもろもろの施設が、すべてひとつながりの空間として再編成されるというものです。たとえば、学習は学校だけでおこなわれるのではなく、都市のあらゆる場所においてラーニングの状態が可能になります。

こうした方向性は、《せんだいメディアテーク》のコンペにおける古谷＋杉浦案にもつながるでしょう。《コンピューター・エイディッド・シティ》が発表された雑誌『建築文化』（一九七二年八月号）において、磯崎は月尾嘉男（一九四二〜）らとともに、「情報空間」という特集を企画します。この特集号が興味深いのは、書物という形式を否定するかのように、さまざまな情報のスクラップを等価に併置し、どこから読みはじめてもかまわないというエディトリアルになっていることです。情報空間の可視化が困難であることを逆手にとって、メディアの羅列によるカタログ・スタイルを提示したといいます。むろん、現在であれば、CDやDVDなどのメディアを使えば、このような情報の並べ方は簡単にできます。つまり、紙媒体という制約のなかで、次世代のメディアのありかたを表現しようとしたわけです。

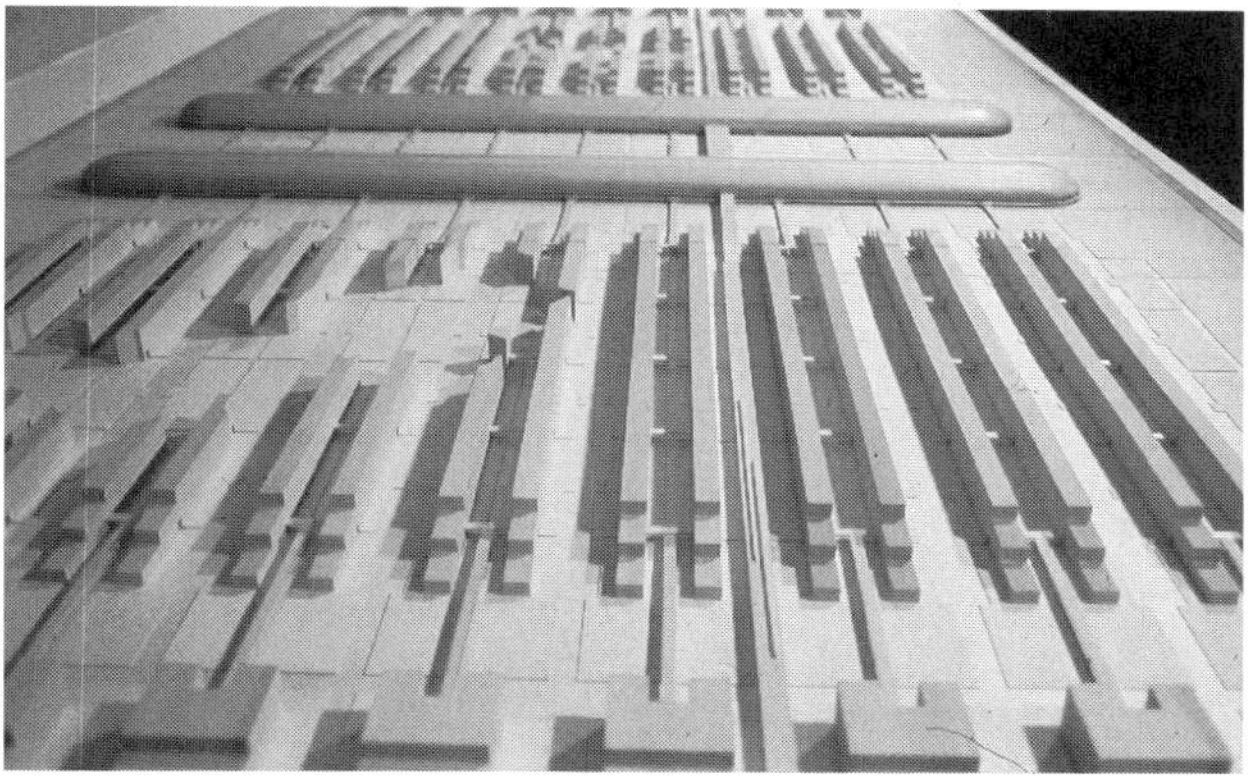
14―2　磯崎新　《コンピューター・エイディッド・シティ》の模型

14―3　磯崎新　《東京新都庁舎》落選案

後に磯崎は、《コンピューター・エイディッド・シティ》を振り返り、次のような限界を認めています。つまり、中心の処理機構と端末という二分法を設定したのですが、それはパノプティコン的な近代のシステムの範疇《はんちゅう》にとどまっており、むしろ「無数の中心、すなわち処理機構が全体の都市の中にばらまかれ、相互のネットワークを組んでいる」都市のモデルを考えるべきだったというのです（磯崎新『週刊本17　ポスト・モダン原論』朝日出版社）。

たしかに、インターネットの登場以前なので、分散のイメージが欠如しています。彼のプロジェクトは、一昔前のSFのように巨大なマザーコンピュータが中央にあるイメージを引きずっていました。ただし、《コンピューター・エイディッド・シティ》が千葉に設定されていたことは興味深い。電脳世界への没入感覚を描いたウィリアム・ギブソンのサイバーパンク小説『ニューロマンサー』が、やはりチバシティを舞台にしていたからです。

ところで、《東京新都庁舎》コンペにおける磯崎の落選案は、丹下案のような垂直にのびるヒエラルキーの強い超高層ビルではなく、錯綜体モデルとして横倒しのビルを提案していました。オフィスにおける情報処理を考慮すると、水平方向のネットワークを構築する方がより有効だと考えたからです。

## 「ケータイ都市」がもたらすもの

彼らにつづく世代の建築家、伊東豊雄は、第七章でも触れましたが、現代は人間の身体が二重化されていると述べます。リアルな身体とバーチャルな身体です。そして後者の流動する身体を意識しながら、《せんだいメディアテーク》や《まつもと市民芸術館》(二〇〇四)などの設計をおこないました。そこではモダニズム的な直線の幾何学よりも、柔らかい曲線を多用しています。丹下や磯崎らは、来るべき情報化社会を空想しましたが、すでにケータイが普及した時代を迎え、伊東はわれわれの身体感覚の変容に依拠しつつ、新しい建築を構想しているのです。

二〇〇五年、NTTドコモの主催により、「ケータイ都市」というデザイン・コンペが開催されました。「近未来の都市環境と『ケータイ』との関わりについて新しい提案を求めるもの」です。

コンペに寄せられた数々の案と審査員の議論は、現在の建築家による情報化社会のイメージを知るうえで格好の資料となるでしょう。審査委員長の隈研吾によると、「『ケータイ都市』とは、一般的にヒエラルキーを喪失し、距離感を喪失し、リアリティーの稀薄な都市であると考えられている」(『新建築』二〇〇五年十二月号)。つまり、物理的な素材と空間に縛られた建築の特質をことごとく反転させたような空間といえるでしょう。

コンペの入賞案を見てみます。刀禰《とね》尚子＋飯島敦義の最優秀賞案は、ケータイを使うと、通話する人の上に声の大きさやトーンによって、形や大きさが変化する「空間」が浮かぶというもの。雨が降ると傘を広げるように、ケータイを広げるわけです。かつては電話ボックスという固定された装置によって、そこがネットワークの中継点であることを表現していましたが、この案はそれのケータイ・ヴァージョンといえるでしょう。移動する見えない虚空間を可視化するのです。

BOETTGER＋WOLF案では、ケータイの使用時、ホログラムで自然の映像が近くに浮かぶ。そして都市空間に自然の風景を重ねあわせます。CLUB3の案でも、電磁波の視覚化を提案していました。

一方、植田開＋槌田瞳の案は、あえて都市のあちこちに圏外エリアをつくることで、情報と切断される新しい場所性を生むものです。

青木淳の審査評では、「携帯電話の普及は、私たちから『いまここにある』という感覚を奪いました。しかし、この喪失を前提として、これからの都市を構想しなければなりません」と述べています。けれども、コンペでは期待していたような案がなく、「この喪失が都市に物質的な変化をもたらすものではないかと思わせるに余りあるものでした」といいます。なかなか興味深い指摘です。

なるほど、入選案にも都市の構造を根本的に変化させるものはありません。《東京計画1960》のときのような巨大な開発とは違う。目に見えないものだけに、目に見えるようなかたちでは、空間の変化を提示しにくいのかもしれません。あくまでも、ケータイという装置を通じて、既存の都市構造の上に重ね書きされたものです。もしくは、もうひとつの見えないパラレルな現実が付加されたというほうがいいでしょうか。そしてリアルな都市とバーチャルな都市の相互作用が新しい現実をもたらすのです。

**離れているのにつながっている空間**

もう一度、冒頭で触れた卒業設計について考えてみたいと思います。

改札がない駅と、受付カウンターがなく、あちこちから出入りできる図書館です。いずれの場合も、学生は、当然のごとくケータイのようなモバイル装置を活用することで、初めて可能になる新しい空間だと考えていました。

しかし、ほんとうにそうでしょうか。たとえば、ヨーロッパの鉄道駅であれば、旅行者が各自で乗車券に日付けを刻印することが多く、そもそも改札がありません。かといって車両で必ず検札がおこなわれるわけでもない。無賃乗車をしたり、地下鉄の改札を乗り越えたりする人もいるでしょうが、信頼を基本にしたシステムなのです。わざわざヨーロッパを事例に挙げなくても、日本でも都市部を離れて、地方に行けば、改札のない駅はあります。とすれば、こうした方法を社会が許容するだけで、情報テクノロジーの助けを借りなくても、駅と都市が融合する空間はできるかもしれません。

また図書館についても、地下鉄文庫のように、借りたまま返却されなくてもかまわないシステムがすでに存在しています。貴重本を扱わなければ、ICチップなど使わなくても、どこからでも自由に出入りできる図書館は可能でしょう。もし情報技術の発達が、そうしたほかの可能性、つまり別の選択肢の存在を忘却させているのだとしたら、かえって創造的な思考を不自由にしていることになります。そもそも新しいテクノロジーを活用しないといけないという強迫観念にとらわれているのではないでしょうか。

最後に、まったく異なる切り口から建築の可能性を紹介します。

ケータイやインターネットの登場は、たしかにわれわれの空間の感覚や距離にたいする考え方を変えてしまいました。たとえば、遠いのに近いこと。つまり、離れた場所にいる人と、移動しながらでも簡単にコミュニケーションができます。逆に、近いのに遠いことも発生します。つまり、隣にいるのに別の空間と接続しているような状態。

こうした空間のモデルは、妹島和世の《鬼石町多目的ホール》(二〇〇五)や、藤本壮介の《安中環境アート・フォーラム》のコンペ最優秀案などにおいて実現されているよう

14— 4　藤本壮介　《T HOUSE》

に思います。いずれの建築も、焼けたおもちのように、ぐにゃぐにゃの形状をもちます。

藤本は、このプロジェクトが「空間を共有しているけれども別々になっていたり、くっついているけれども離れているという奇妙な状態を実現できる」といいます（『オルタナティブ・モダン』TNプローブ）。不定形なヒトデのような輪郭をもっているので、隣の部屋にいても視界に入らない一方、遠くにある向かい部屋が視覚的に連続しているからです。つまり、「離れていると同時につながっている空間……一見ローテクな空間の特性を最大限に使いながら」、インターネットと同じような空間の性質を獲得し、建築の可能性を拡張しています。

彼の《T HOUSE》（二〇〇五）も中央を共有しつつ放射状に壁を入れることで、同じ性質の空間を獲得していました。

もっとも、こうした空間のモデル自体、モバイル社会の到来によって想像されて、意義を認められるようになりました。飛び道具のような情報技術の装置を導入しなくても、建築では新しい空間概念を表現できるのです。

# 第十五章　メディア——雑誌、写真、模型

## 情報のウィルス

　ホラー小説・映画の「リング」「らせん」（一九九八）に興味深いコンセプトがあります。呪いのヴィデオを見ると、視覚的な情報に変換されたウィルスが体内に侵入し、細胞が変化して、死にいたる病に感染するというものです。しかも伝達するメディアが必ずしもヴィデオでなくてもいい。映像を喚起するような詳細な文章を読むことで、その情景が頭のなかで思い浮かべることができれば、やはり感染する。

　もちろん医学的には荒唐無稽《こうとうむけい》な話ですが、美術や建築などの視覚的な芸術に限っていえば、情報のウィルスという考えはありえると思います。ただし、「感染」ではなく、ある

作品から「影響」されると呼びますが。そのものを見なくても、こうらしいという伝聞にもとづいても、作品の影響関係は発生する。そういう意味で情報の遺伝子があるとすれば、強い影響力をもった傑作は写真や伝聞といった別のメディアを通じて、突然変異をときに起こしながらも、類似した作品群をあちこちに発生させるといえる。他の生物の力を借りて自己増殖するウィルスのような形で伝播していく。すると、この話は美術・建築における影響関係を考えるうえで興味深い。

古代には、ウィトルウィウスの『建築書』が存在しました。しかし、これはテキストしか残っていないし、どういう図版があったかもよくわからない状態ですから、古代ローマの時代に各地で似たような建築がつくられたのは、明らかに支配関係です。世界帝国が各地に植民都市をつくり、同じデザインを移植することで流布していく。つまり、この現象はメディアによるものではない。また中世の後期には、ゴシック様式が各地に伝播しましたが、これも宗教の力が強かった。むろん、大工の移動も技術移転の要因になっています。

**メディアが時間を加速させる**

そういう意味で、純粋にメディアだけで建築が広がるのは、近世の活版印刷術の普及以

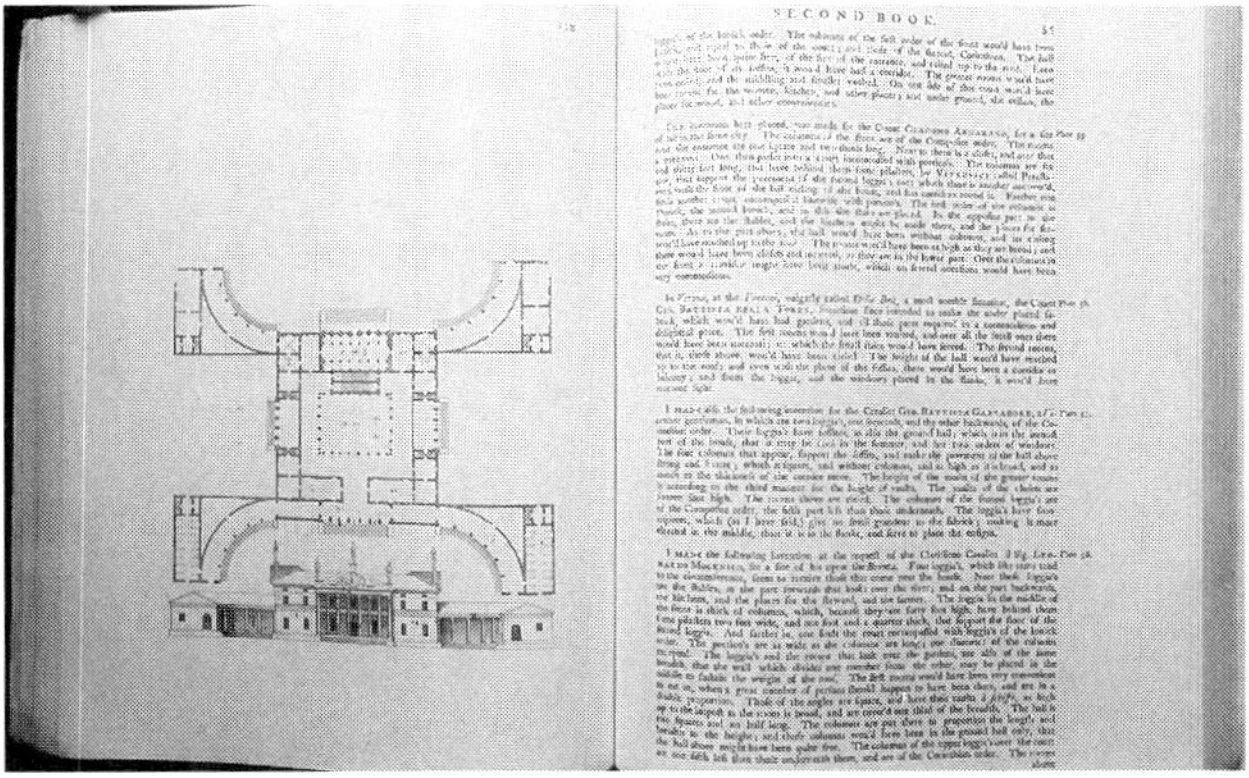

15—1　パッラーディオ『建築四書』の英語版

降でしょう。とくに建築でいえば、イタリアの建築家、アンドレア・パッラーディオ（一五〇八～八〇）の『建築四書』（一五七〇）が画期的でした。彼の功績は、たんに建築論を書くのではなく、自分の作品を図版入りで解説を付けて紹介するという、いま建築家があたりまえにおこなっている作品集のシステムを最初に確立したことです。

いまほど交通が発達していない状況であるにもかかわらず、遠くイギリスでも、多くのパッラーディオの模倣を生むのは、書物だけでも彼の建築情報を入手できたからです。書物によって、彼のフォロアー、エピゴーネンの増殖を可能にした。パッラーディオは、メディアによって有名になった最初の世代の建築家です。

近世に一度そういう変革があるのですが、その次に重要だと思われるのは、十九世紀における建築雑誌の誕生です。建築雑誌は一八三〇年ごろに登場します。定期刊行物が興味深いのは、まさにその定義にかかわることですが、時間を定期的に区切ることです。本だったら、一度出ればそれっきりですが、雑誌は月刊だろうと週刊だろうと、ある一定の期間が経つと、必ず次の号が出る。ページをめくるように、時間の節目が意識される。そういう意味で、同時代性という感覚を生みだします。つまり、一方では新しいものという流行を生みだしながら、昔の号の作品を古いものとして追いやってしまう。

ベネディクト・アンダーソン（一九三六）が一九八三年に発表した『想像の共同体』（一九九一年に改版）のなかで、国民国家の概念を議論しながら、新聞や連載小説に注目する。とくに新聞は、定期的にニュースを伝達し、同時期の事件を整理していくわけです。相互に関係のない事柄もつなぎながら読んでいくことにより、世界の断面を定期的に呈示される。すると、その読者たちは想像の共同体をつくりだす。

同じように建築雑誌も、建築の世界で何が起こっているかということをメディアを通じて、定期的に切り取る。最新の建築も、一定期間がたつと、古いものになり、新しい号が刊行されることを繰り返し、流行がメディアによってつくられていく。そうしためまぐるしい流れが発生します。メディアが時間を加速させるのです。

## 写真と近代建築

ピーター・コリンズの著作『Changing Idea Seen from Modern Architecture』は、いろいろな視点から近代建築を分析しているのですが、やはりメディアの問題を取りあげています。彼によれば、十九世紀のイギリス建築が粗悪なディテールだったのは、当時の『The Builder』という雑誌が木版を使っていて図版の精度が悪かったから。一方、フランスの建築が繊細なディテールをもっていたのは、『Revue gênérale de l'architecture』という雑誌が金属製版を使っていて、より精度の高い図版を載せていたからだと指摘しています。建築がメディアに表象されるのではなく、逆にメディアが建築に影響を与えるという興味深い論点です。彼は、写真が雑誌に導入されてからは、建築家の側から提出される透視図に頼る必要がなくなり、編集者の側からフォトジェニックな建築を選択できるようになったと述べています。写真は建築家と編集者の力学を転倒させたというわけです。

建築雑誌における写真の登場は重要でした。十九世紀の後半から効果的に写真が使われるようになりました。二十世紀前半にモダニズム建築が流布していくときに、当時の建築雑誌は白黒写真がメインだったわけですから、細かい装飾やディテールよりも、はっきりとした、抽象的な構成を強調するようなデザインが白黒写真には合っていたはずです。テリー・スミスは、これを「建築のフォトモダン」と呼んでいるのですが、白いのっぺりした表面が二十世紀のモダニズムのころに流行するのは、写真と無関係ではないように思います。抽象的な構成のデザインは、写真うつりがよいというか、少々印刷や紙の質が落ちても、基本的な情報量が下がらない。

九〇年代の建築史のなかでもっとも重要な仕事のひとつに、ビアトリス・コロミーナの著作『マスメディアとしての近代建築』(鹿島出版会、原著一九九四)があります。これは写真と近代建築がどのような共犯関係を結んでいたかを分析したものです。彼女は、とくにル・コルビュジエに焦点を当てるのですが、たとえば、彼のまなざしそのものがカメラと同化していることを指摘しました。住宅からどのように外を見るのか、横長の窓をつくればまさにパノラマを切り取るフレーミングになるわけです。また、よい見晴らしを探して、住宅をつくる場所さえも探す。これはロケハンですね。カメラ人間としてのル・コルビュジエというわけです。

またコロミーナは、ル・コルビュジエとアドルフ・ロースを比較して、両者のメディアにたいする意識の違いを分析しながら、対比的な空間を論じました。ロースはメディアを嫌うのですが、彼の建築を紹介する写真のなかには内向きの視線が多いのにたいし、メディアに意識的だったル・コルビュジエの場合、そこから外を向く、あるいは人が過ぎ去っていく、そういう写真の表象が特徴だというのです。つまり、ル・コルビュジエが内から外へ、逆にロースは内部の建築なのです。それはロースがラウム・プランといわれる複雑な空間構成の内部をつくることと関連している。そうした建築の作法と写真との関係をスリリングに読みとるのが彼女の功績でしたし、まさにモダニズムが近代的なメディアのなかで成立していたということを多面的に読んでいます。

## 媒体そのものに影響される

写真はそれまでと違ったものの見方を出していきます。たとえば、十九世紀に写真が出てくると、それまでの写実的に描くという美術の機能を奪うわけです。だから、写真とは違う抽象画など、違う表現が出てこなければならない。以前、ロートレックの展覧会を見たとき、彼の描く絵というのはスナップ写真みたいだな、と思ったのです。酒場の猥雑《わいざつ》な風景をパシャッと撮るような感じです。しかし、それは現在の感覚であって、当時の写真はまだ露光時間が長くて、スナップ写真は撮れない。だからこそ、それを絵画がやったのではないか。写真の方は、静物画、あるいは硬直した肖像写真を撮れるけれど、人が動いていて、のぞき見するような写真週刊誌的なイメージは無理だった。そこで絵の方がそれをやることに意味があった。印象派が出てきたのも、写真とは違う表現を絵画が自律的に求めていった結果だと思うのです。そういう意味で、美術なり建築なりがつねに媒体そのものに影響されてきた。

建築に戻りますが、ジークフリート・ギーディオンは、近世は単一の視点から対象を眺める三次元的な空間だったのにたいし、近代になると時間と空間が連動した四次元的な概念が登場するといっています。単一の視点から見られる建築というのは、透視図法的な空間です。じっさい、パースの図法は、近世のルネサンスに確立したものでした。一方、動きまわる複数の視点というのは、いろいろなショットによる組み写真に対応します。あるいは、彼が近代の特徴として指摘したガラスの透明性ないし反射性も、手描きのドローイングより写真の方が美しく表現できる。

二十世紀後半のポストモダン建築になると、建築がカラフルになります。建築雑誌でも、カラー写真をどんどん使い、印刷技術も紙の質も良くなる。ここにも並行現象を認めることができます。せっかく鮮やかな色を使う建築をデザインしても、メディアが対応できないとよさが完全には伝わらない。映画が白黒からカラーになったとき、やはり色を使える喜びにあふれた作品が登場しています。当時の黒澤明、小津安二郎、鈴木清順の作品も、現在からみると過剰なまでの色使いでした。いまはカラーが自然ですが、最初は新しい可能性だったわけです。ポストモダンの建築概念を最初に言葉として提唱したチャールズ・ジェンクスの本も、非常にカラフルで、ポップな色使いです。

## コンピュータの普及がもたらしたもの

視覚中心主義にたいする批判も、二十世紀後半に起こります。そもそも近世から近代にかけての視覚中心主義――要するに五感のなかで視覚が中心だったこと――は、中村雄二郎が『共通感覚論』(一九七九)でも批判しています。建築では、手触りとか、写真ではないものの感覚に傾斜した人が登場します。たとえばジェーン・ジェイコブス(一九一六～)の近代都市計画批判の著作『アメリカ大都市の死と生』では、写真や図版を一枚も使っていません。その理由としては、都市というのは写真に写されるものではなく、あなたが本を手に取っているその周りに広がっているものだから、周りの風景をよく見てくださいと書いてあります。この本では経験するものとして都市空間を見なおそうとしています。また真壁智治は、都市のフロッタージュをやっています。フロッタージュとは、紙をこすってテクスチャーを写しとる手法ですが、街歩きをしながら外壁のフロッタージュを集めています。ケネス・フランプトンの「批判的地域主義」も視覚中心批判を展開しており、そこには聴覚とか触覚とか他の感覚の重要性を建築に取り戻すことを提案しています。

ただ考えてみると、メディア自体も、じつはそれに連動するかのように進化しています。たとえば、プレイステーションなどのゲーム機でも、昔は眼と指だけを動かしていたのが、現在は体そのものを動かしてゲームに没入していくタイプのものも登場しました。そういう意味では、ここにもメディアの変化との連動を指摘できるかもしれません。

現在、コンピュータ・グラフィクスは、学生の卒業設計でもあたりまえのように使われています。当初は目新しかったので、誰がよりきれいに、より凄いイメージをつくれるかを競っていたのですが、いまは飽和しています。その結果、模型が巨大化している。なぜかというと、CGでは差異が見えにくい。みんなコンピュータを使って図面を描けば、それなりにかっこよくなるのだけれど、けっきょく同じようなソフトを使っているので、違いが見えにくい。かつては図面の描きこみで、実力もわかったのですが、それが通用しない。

また労働の概念も変化していて、昔は図面一枚を描くのにどれだけ時間がかかったかというのが想像できたので、図面を五枚描いたやつより二十枚描いた方がたいへんなのがすぐにわかった。枚数だけで力作だとわかる。しかし、コンピュータを使うと、図面の枚数と労働量が比例しない。すると、あまった時間を模型に注ぐことになる。けっきょく、どこで勝負するかというと、いかに巨大な模型をつくったかという方向にいく。逆説的な現象です。最近の卒業設計は、模型を見て評価するという流れがはっきりしています。一昔前は図面で評価していたのが、いまは模型なのです。その背景にコンピュータの普及がある。

人気のあるSANAAの事務所が模型をいっぱいつくることも、影響を与えているかもしれません。スマートなデザインですが、大量の模型をつくる体育会系のようなところがあるのです。スタディ模型も、微妙にカーヴが違うだけでわざわざいっぱいつくって並べるのです。模型をつくってエスキスするというのは昔からあったのですが、彼らの場合、微妙な差異でも、できるだけ多くのパターンをじっさいにつくってみて判断する。そこはCGをちょっとずつ形を変えながら、それをそのまま出力したかのような感覚です。じっさいには人間の手でつくっているわけですが、模型にたいする触れ方がコンピュータと連動しているような雰囲気があります。彼らは言語化できない微妙な造形を、すべて立体化して、比較しながら考える。巨匠のスケッチ一発で全員が従うというよりは、とにかくちょっとずつ差異をつけながら模型を反復して並べていって、そこから解を導くというデザインの方法になっています。

建築写真も変わるでしょう。昔はスライドを使って、写真一枚を撮るたびにいくらというコスト感覚がけっこうあったのですが、いまはカメラ付携帯電話で撮る学生も多いし、デジカメが普及して僕も使います。お金の感覚がなくなる。失敗したら、何度でも撮りな

15―2　大きな模型が重視される卒業設計日本一展（上）

15―3　『新建築』の表紙に掲載された磯崎新のカラフルなポストモダン建築（下）

おせばいい。

最後に気になっているのは、デジカメで心霊写真は成立可能か？　ということです。なぜかというと、写真というのは日本語で書くと「真を写す」で、どこか「真実」を写すという感覚がある。写真は対象が放つ光の皮膜を記録しているんだという言い方もされています。一般的には真実を写すと思うから心霊写真は怖い、と思っているはずなのです。しかし、じつは写真はいろいろ操作できる。コロミーナが指摘しているように、これはル・コルビュジエもやっていたことです。

デジカメになると、真実にたいする考え方も変わるでしょう。画像を簡単に変えられるという意識が共有されているからです。そうするとデジカメによる心霊写真を怖いと思えるのだろうか。それともデジカメだからこそ可能な怖さを発見できるのか。映画「リング」のシリーズは、ヴィデオ、電話、インスタントカメラなどの古いメディアがもつ恐怖の感覚をえぐり出すことに成功しました。たぶん怖さの所在もメディアとともに変化するのですが、その次の表現がどうなるか、ということに興味があります。

# 第十六章　透明性と映像性――モニタとしての建築

## モダニズムへの回帰

現代建築において、モダニズム回帰の流れとともに、九〇年代くらいからガラスを多用した透明な建築が流行しています。また、これに関連して、映像的な建築も最近はいろいろなところに出ています。

透明性の議論をするときに必ず参照されるのが、建築評論家コーリン・ロウ（一九二〇～九九）の『マニエリスムと近代建築』(伊東豊雄・松永安光訳、彰国社) に収録された有名なテキストです。ここで彼は、二種類の透明性を定義しました。ひとつはリテラル、つまり文字どおりの透明性と、もうひとつはフェノメナル、すなわち現象として起きる透明性です。

簡単にいうと、リテラルな透明性というのは、そのままじゃないかと、つっこみを入れたくなるような透明性です。見たままの透明性。たとえば、ヴァルター・グロピウス（一八八三〜一九六九）が手がけたドイツ・デッサウのガラス張りの《バウハウス校舎》（一九二六）や同じくドイツはアルフェルトの《ファグス靴工場》（一九一一）などが挙げられます。隅っこの階段室がガラスの吹き抜けになっている。だから、文字どおり、ガラスのおかげで内部が透けて見える、あるいは遠く向こうまで見えてしまうような状態をリテラルな透明性と呼んだわけです。

ロウがわざわざリテラルな透明性を区分したのは、建築史家であり近代建築のイデオローグだったジークフリート・ギーディオンの考えたモダニズムの特徴を、ある意味では批判しているというか、乗り越えようというような意図があったからです。ギーディオンは、いま挙げたグロピウスの作品をすごく高く評価しています。もともと彼は、近代建築の特徴として外部と内部が相互貫入することを挙げていて、これは視線が中から外へ、あるいは外から中へと抜けていくことを含んでいます。ギーディオンの大きな歴史のパースペクティブでは、神殿に代表される古代は外部の建築、大聖堂を生みだした中世は内部の豊かな空間とみなしています。つまり、外部の時代があって、内部の時代があって、弁証法的な帰結として、近代を両者の相互貫入だと位置づけた。そうすると、ガラスで透けて見えるということが高く評価されるわけです。

## フェノメナルな透明性

ところが、コーリン・ロウは次の世代の人間ですから、そういう単純な透明性よりむしろ、ル・コルビュジエの住宅作品などを挙げながら、フェノメナルな透明性をもちあげるのです。そのとき彼が注目したのは、じっさいのガラスの透明性ではなくて、ある種のオーバーレイ、つまりファサードの面に複数の格子や構成の層が重なりあうことによって、事後的に透明なものが立ちあがるのではないかということです。レイヤー状にパターンが重なっていくような複雑な構成の表面への操作にたいして、フェノメナルな透明性という概念を与える。だから、ガラスは要らない。これもつっこみを入れたくなりますが、要するに、深読みです。ふつう、そういうのを透明とはいわないと思うのですけれど、あえて特殊なケースにおいて透明性という言葉をつけることで、建築の見方を変えているのです。

コーリン・ロウは、ル・コルビュジエや近代のキュビスムの絵画（ピカソ、ブラックら。複数の視点から見た像を分解して一画面に敷きつめた）について、フェノメナルな透明性を指摘したのですが、その後、古典主義の建築にもフェノメナルな透明性があるというのです。マニエリスム（十六世紀後半。ルネッサンスで建築は完成したとして、工夫のしどころを手法に追い求めた）とかバロック（十七～十八世紀。古典建築に歪みや捻れを取りこんだ）ぐらいの建築になると、ルネッサンスに比べて、複雑なファサードの操作をおこなっています。パッラーディオの作品にも、ギリシア神殿ふうのファサードをいくつか重ねあわせて、正面を構成するような教会があります。そういったものもフェノメナルな建築の系譜に置けるわけです。

これはたいへん興味深い考え方だと思います。

なぜかというと、透明性という概念そのものは、近代になってガラスを使うようにならないと思いつかないところがあるのですが、そこを批評的に深めていくと、フェノメナルな透明性が出てきて、じつはそれが近代以前から存在していたのだ、という見方ができるからです。つまり、分析していくと、ル・コルビュジエだけでなくて、過去の古典主義建築にさかのぼっても、同じようにそういった透明性があるというものの見方につながるという意味でおもしろい。

## 半透明について

とりあえず、それがコーリン・ロウの考え方なのですけれど、九〇年代になって出てき

16―1　パッラーディオ《サン・ジョルジオ・マッジョーレ教会》古典主義のフェノメナルな透明性（上）

16―2　ペロー《パリ国立図書館》　リテラルな透明性（下）

ている透明性のなかには、たとえば、妹島和世のように——本人がインタビューに答えているのですけれど——ガラスが透明であるというよりもむしろ半透明、つまり透明のあいだにいろいろなグラデーションがあることに興味をもつ建築家もいます。

少し濁っている、半透明性の度合いをどう操作するか。たとえば、ガラスそのものを曇らせたり、ガラスの表面にいろいろなグラフィック・パターンを施したりすることなどが挙げられます。これらは現代的な透明性のバリエーションだと思います。またアーティストの森万里子には、《ドリーム・テンプル》という、法隆寺の夢殿を参照した作品があります。そこで偏光させるダイクロイック・ガラスを使っています。ガラスそのものは透明だけれども、そこを光が通過すると屈折が起こり、赤とか黄色とか光のなかに入っている色が発生するというとても不思議な素材です。見た目は透明なのに、ステンドグラスのような効果があるわけです。建築の人もぜひ使いたいと確実に思うような素材です。じっさい、今井公太郎（一九六七〜）も、インテリアの作品で使っていました。またデザイナーの吉岡徳仁《とくじん》（一九六七〜）が手がけた六本木にあった《NEW TOKY LIFE STYLE ROPPONGI THINK ZONE》（二〇〇一、現存せず）のファサードでも、偏光ガラスを使って、風景を歪ませる独特の視覚効果を生みだしていました。

またワンタッチで、ガラスの表面が曇ったり、透明になったりするしかけもあります。

愛知万博の瀬戸会場と長久手会場の二つを結ぶゴンドラも、乗っていると二分間くらい全面ガラスのものが乳白色になって外が見えなくなるのです。これはネガティブな要因で、下に住宅街があって上から見られることにクレームがついたので、プライバシーの保護ということで使われたのです。こうした透明／半透明が時間によって切り替わるものなど、いろいろなバリエーションが出ています。

こういう現象からは、とても映像的な印象を受けます。映像性も現代建築のひとつの重要なテーマだし、じっさいこれほど映像があふれている時代というのもかつてなかった。それで現代建築における映像の話というのを、コーリン・ロウの議論をトレースしながら考えると、リテラルな映像性とフェノメナルな映像性と、その二種類に分けられるのではないかと思います。

## 映像のプロジェクション

リテラルな映像性というのは、ロウと同じような意味でいうと、そのまま映像をプロジェクションしている、あるいは建築の表面が巨大なモニターになっているものだと思います。たとえば、QFRONT（一九九九）の巨大な画面としての建築。第十章のスーパーフラット建築の議論とも重なりますが、この系譜はけっこういっぱいあります。ラスベガスにあるフリーモント・ストリートのアーケードの天井面に、全長数百メートルにわたって、映像がプログラミングされて映されています。最近だと、ピーター・マリノがやった銀座シャネルのビルもファサードが丸ごと映像になっています。ただし、夜しか映像が出てこないので、昼見てもおもしろくない。こうした映像としての建築は、新宿のスタジオアルタあたりが嚆矢《こうし》になるのではないでしょうか。ファサードがそのままモニターになっている建築は、いわばテレビの巨大版です。

16—3　シャネル　リテラルな映像

「ニュー・シネマ・パラダイス」という映画では、映画館の映写機を街の広場に向けて映しだすことで、こうした効果を屋外につくりだしていましたが、最近は個人用のプロジェクターが安くなって、ホームシアター雑誌が出ているぐらい、一般家庭でも普及しています。したがって、プロジェクターで映像を投影する空間も増えています。東京・佃《つくだ》の大川端リバーシティ21にある伊東豊雄の《風の卵》(一九九一)は、卵形のオブジェに映像をプロジェクションするタイプのものでした。ブレードランナー・パラダイムというか——伊東は映画「ブレードランナー」(一九八二)に衝撃を受けていたので、都市空間のなかに大きな画面で風景をつくろうとしたわけです。

また、コンピュータ系のデジタルアーキテクトでオランダのNOXなどが、グニャグニャ建築をつくるとき、建物の曲がった壁面に映像がプロジェクションされていて、インタラクティヴに人と反応するという提案はいろいろあります。フランスの建築家集団のペリフェリックもスクリーンとしての建築のプロジェクトを提案しています。このタイプのものはすでにいろいろあって、ひとまとめにしていえば、リテラルな、文字どおりの映像性といえるのではないかという気がします。

## フェノメナルな映像性

では、フェノメナルな、現象として起こる映像がどういうものかといえば、じっさいに映像をプロジェクションしたり、動いている画像があるわけではないけれども、そこで経験される空間がとても映像的なものであったりする、というものでしょう。このタイプのものとしては、まずシャネルの向かいの青木淳のルイ・ヴィトン銀座松屋店。二重のファサードになっていて、止まっている分には映像としては見えてこないけれど、周りを歩くと、外側のガラス面にプリントされた市松模様と、奥の壁にある市松模様が重なって、モアレ現象が起こり、ちらちら動きだすという映像的な体験に遭遇します。この現象は、写真ではほとんど面白さが伝わらず、動画でないとわかりにくいという意味でも、映像的な建築という気がします。

青木は名古屋のルイ・ヴィトンでも、こうしたデザインを試みていましたが、現代美術におけるオプ・アートを建築的に取り入れたような感じがあります。幾何学的な模様のパターンなどで、視覚的な効果を生むアート。じっさい、ウィーンのオーストリア国立応用工芸美術館を訪れたとき、二枚のガラスに市松模様のパターンが入っていて、そのまわりを歩くと、モアレがおきる、というアート作品がありました。映像性を媒介して、建築と美術が寄り添う関係を発見できるのは興味深い。

妹島和世の《鬼石町多目的ホール》でも似たような経験をしました。ぐにゃぐにゃ曲がったガラスのパビリオン建築なのですが、やはり動いていると、ギーディオンがいったような内部と外部が同時に見える透明性だけではなく、ガラス面にまわりの街や自然の風景が映りこんだり、その向こうにいる人が見えたり、ガラスの面同士が反射しあったり、人

16—4　妹島和世　《鬼石町多目的ホール》

がひずんで映って、いろいろなリフレクションが発生します。これも止まっているよりは、動いていろいろな方向を見ていると、いろいろな映像的な瞬間が訪れます。

アーティストの作品を参照すると、ダン・グレアム（一九四二〜）という現代美術の作家が思い出されます。最初はコンセプチュアル・アートだったのですけれども、だんだん建築寄りになって、こういう透明なガラス・パビリオンみたいなものをつくるようになるのです。ダン・グレアムの作品も、周囲の風景とか見ている人が複雑なかたちで映りこむという効果を狙ったもので、たいへん感覚が似ている。とりあえずは、こういったものをフェノメナルな映像性と呼べると思います。

ヘルツォーク&ド・ムーロンによる《プラダ・ブティック青山店》(二〇〇三)も、菱形のガラス窓が膨らんだりしていて、まわりの風景を歪みながらのぞく効果があります。レンゾ・ピアノの《メゾン・エルメス》(二〇〇一)も、日が落ちてから店内に入ると、とてもきれいです。なぜかというと、夜の銀座のネオンの色とりどりの光がガラス・ブロックの壁を通過すると、抽象絵画というか印象派の絵のように見えるのです。外のどぎつい看板や広告のネオンも、すべての光が抽象化されるからです。ガラス・ブロックがピクセル化したステンドグラスになるわけです。銀座という環境をじつにうまく活用している。これも一種の映像だと思います。

## 谷口吉生の建築

谷口吉生と鼎談《ていだん》をおこなう機会があって、彼の建築をあらためて見てみると、じつはとても映像的なしかけが多いことに気づきました。

たとえば、初期の作品として、《資生堂アートハウス》が静岡県の掛川にあります。新幹線に乗っていると、掛川駅を通過するあたりでよく見えるので、いつか行こうと思いながらようやくはじめて行きました。ほんとうに新幹線の敷地のすぐ横です。現場に行ってはじめて気づいたのですが、この建物は円形と四角を組みあわせた単純なプランなのです

16—5　谷口吉生　東京国立博物館《法隆寺宝物館》

けれども、その形態はよく見えないのです。なんだか古墳みたいな建築で、上から見ると円と四角がはっきりするのですが、現場ではよくわかりません。むしろおもしろかったのは横に細長いガラスの面が、スリットのようにつながっていて、明らかに新幹線が頻繁に行き交う姿と、ちょうど呼応するようにデザインされている。この水平な細長い窓には、走る新幹線がきれいに映りこみます。だから、動くものが周りにあるということを意識して、この水平な窓をつけていることがよくわかったのです。

また、谷口建築はやたらと水を使う。人工の池をつくったり、そもそも海の近くだったりする。水というのも、いまいった意味での映像的な効果を起こしやすい。建築は動かないのにたいし、水は流れており、よく動く存在です。東京国立博物館の《法隆寺宝物館》（一九九九）も、手前に水面があります。ときおりまん中から水が噴き出して、波紋が同心円上に広がったり、水面に反射した光が壁に投影されて、光のタトゥーがゆらゆらと動いたりします。そういう意味では、飛び道具としてのプロジェクターを使わずとも、谷口の建築は、とても映像的です。伊東豊雄の横浜駅西口シンボルタワーの《風の塔》（一九八六）も、たしかに周囲の状況を反映しながら、うつろう光が映像的な効果を生む建築ですが、こちらは人工的な光を制御する装置が多いので、やはり飛び道具系です。

このような話をすると「そんなのは昔からあるじゃないか」と、誰もが思うのではないでしょうか。水を効果的につかうのは、平等院鳳凰院やバロックの庭園でもいいのですが、昔からあります。この議論では、まさにロウのフェノメナルな透明性がヨーロッパの古典主義建築にもあったのと同じような意味で、過去の建築にさかのぼっても考えることができることがおもしろいのです。じっさい、谷口はある意味で保守的な、オーソドックスな建築家なので、奇をてらわずに、昔からあるあたりまえの要素を使っている。

もうひとつ谷口建築に特徴的なのは、《豊田市美術館》（一九九五）や新しいMoMA（ニューヨーク近代美術館、二〇〇四）がそうだと思うのですけれど、彼の美術館ではホワイトキューブのあいだにいろいろ隙間がつくられて、外の風景がちらちら見える場所をもうけています。このつくり方自体は、SANAAの《金沢二十一世紀美術館》(二〇〇四)も似たところがあって、美術館のなかにいても外の風景を引きこむような現象が起こります。谷口のMoMAは、マンハッタンの大都会にあって、美術館から外の風景がどう見えるかを計算している。美術館の窓から、マンハッタンの風景をうまくフレーミングしている。じっさい、映画のなかのワンシーンで観たようなマンハッタンが経験としてよみがえると評されました。これもとても映像的な効果です。

ところで、豊田市美術館の「ダニエル・ビュレン展」(二〇〇三)をきっかけとして、会期後も屋外に鏡のパビリオンが設置されています。これは谷口建築のいろいろな映像性をさらに攪乱させる効果をもっています。水面やガラス越しのレストランが複雑に映りこむ。美術館がもつ正方形のグリッドにたいして、四十五度傾けたインスタレーションが、この空間にさらなる映像性を与えていました。

おもしろいのは、「こういうのも映像的だ」と感じること自体、じつは世の中にリテラルな映像の建築がいっぱい増えたことによって、はじめて考えるようになったということです。つまり、映像がいっぱい出てこないときには、こういうものを映像的だというふうには考えなかったという意味で、透明性の議論とパラレルだと思うのです。

# あとがき

本書は、現代建築を考えるうえで重要だと思われる概念をとりあげ、それぞれに幾つかのキーワードを絡めながら論じたものです。ここではとくに言葉に注目しました。

もちろん、建築自体はモノです。しかし、ただのモノとしてのみ存在するわけではありません。キャンセルになったアイデアも含めて、おびただしい量のスケッチやドローイングが描かれた後に、はじめて建築は成立します。図面以外にも、他者とコミュニケーションを行い、共通認識を得るために、言葉によって建築を理解し、表現せざるをえない場面もあります。おそらく、モノであるはずの建築が、何らかの媒介を要請するのは、そうした他者が出現する地点においてです。建築は、ひとりだけの力ではつくることができません。事務所のスタッフ、構造や設備の専門家、現場の建設業者など、多くの人の共同作業の産物です。また、なによりも施主を必要としています。建築が社会に働きかけるときも、個性的な造形だけではなく、強い思想が必要になるでしょう。

言葉は単なる建築作品の解説にとどまりません。ときとして創造的な概念は、言葉によって新しい建築の地平を開きます。こうした言葉とモノのダイナミックな関係も存在します。例えば、モダニズムの時代において、「形態は機能に従う」や「住宅は住むための機械である」というアフォリズムが流布したとき、建築のイメージは様式という枠組から解き放たれて、根底から変わりました。あるいは、批評家のコーリン・ロウが透明性の概念を二種類に分けて論じたとき、現代建築の方向性を誘導しただけではなく、過去の建築へのまなざしにも影響を与えます。レム・コールハースが「ビッグネス」や「ジャンク・スペース」を語り、青木淳が「原っぱ」を論じるとき、世界の見え方が変わるはずです。それは新しい現実の可能性ももたらします。おそらく、現代建築のキーワードを通して、空間、時間、そして世界の状況を測定することもできるでしょう。

本書は筆者にとって初の語りおろしの形式の本です。もともとはNPO法人にっぽんmuseumのメールマガジンの連載のために、毎回しゃべった内容をメンバーが文字に起こしてくれたものです。ありがとうございました。とくに天内大樹くんにはお世話になりました。また透明性やスロープの章は、東北大の研究室の学生の卒論を指導していくなかから生まれたアイデアが反映されています。そして最初に本書の企画を提案していただいた講談社の岡本浩睦さん、ならびに実現に導いていただいた横山建城さんにも感謝の意を表したいと思います。

二〇〇六年十月　メルボルンにて

五十嵐太郎

# 主要参考文献

『ウィトルーウィウス建築書』（森田慶一訳註、東海大学出版会、一九七九年）
ピーター・ブレイク『近代建築の失敗』（星野郁美訳、鹿島出版会、一九八六年）
ベルナール・チュミ『建築と断絶』（山形浩生訳、鹿島出版会、一九九六年）
ロバート・ヴェンチューリほか『ラスベガス』（石井和紘・伊藤公文訳、鹿島出版会、一九七八年）
青木淳『原っぱと遊園地』（王国社、二〇〇四年）
篠原一男『住宅論』（鹿島研究所出版会、一九七〇年）
ハインリッヒ・ヴェルフリン『ルネサンスとバロック』（上松佑二訳、中央公論美術出版、一九九三年）
エウヘーニオ・ドールス『バロック論』（神吉敬三訳、美術出版社、一九九一年）
磯崎新『サン・カルロ・アッレ・クアトロ・フォンターネ聖堂』（磯崎新の建築談義シリーズ第9巻、インタビュアー・五十嵐太郎、撮影・篠山紀信、六耀社、二〇〇三年）
カミロ・ジッテ『広場の造形』（大石敏雄訳、鹿島出版会、一九八三年）
アドルフ・ロース『装飾と犯罪』（伊藤哲夫訳、中央公論美術出版、二〇〇五年）

吉村靖孝編著『超合法建築図鑑』（彰国社、二〇〇六年）
『アーキラボ』（森美術館編、平凡社、二〇〇四年）
クロード・レヴィ＝ストロース『野生の思考』（大橋保夫訳、みすず書房、一九七六年）
コーリン・ロウ、F・コッター『コラージュ・シティ』（渡辺真理訳、鹿島出版会、一九九二年）
柄谷行人『隠喩としての建築』（講談社学術文庫、一九八九年）
レム・コールハース『錯乱のニューヨーク』（鈴木圭介訳、ちくま学芸文庫、一九九九年）
ペーター・スローターダイク『空震』（仲正昌樹訳、御茶の水書房、二〇〇三年）
長谷川堯『生きものの建築学』（講談社学術文庫、一九九二年）
ガストン・バシュラール『空間の詩学』（岩村行雄訳、ちくま学芸文庫、二〇〇二年）
オットー・フリードリッヒ・ボルノウ『人間と空間』（大塚恵一ほか訳、せりか書房、一九七八年）
飯島洋一『アメリカ建築のアルケオロジー』（青土社、一九九三年）
アンソニー・ヴィドラー『不気味な建築』（大島哲夫・道家洋訳、鹿島出版会、一九九八年）
ジョージ・ハーシー『古典建築の失われた意味』（白井秀和訳、鹿島出版会、一九九三年）
『アーキグラムの実験建築1961―1974』（ピエ・ブックス、二〇〇五年）
ブルーノ・タウト『ニッポン』（森儁郎訳、講談社学術文庫、一九九一年）
藤森照信『人類と建築の歴史』（ちくまプリマー新書、二〇〇五年）
隈研吾『反オブジェクト』（筑摩書房、二〇〇〇年）

磯崎新『空間へ』（鹿島出版会、一九九七年）
五十嵐太郎『終わりの建築／始まりの建築』（ＩＮＡＸ出版、二〇〇一年）
塚本由晴『「小さな家」の気づき』（王国社、二〇〇三年）
村上隆編著『スーパーフラット』（マドラ出版、二〇〇〇年）
ジークフリート・ギーディオン『空間・時間・建築〈1〉』（太田実訳、丸善、一九九八年）
太田博太郎『日本建築史序説』（彰国社、一九八九年）
デーヴィッド・ジョン・ワトキン『モラリティと建築』（榎本弘之訳、鹿島出版会、一九八一年）
クリスチャン・ノルベルグ・シュルツ『ゲニウス・ロキ』（加藤邦男・田崎祐生訳、住まいの図書館出版局［星雲社］、一九九四年）
鈴木博之『東京の「地霊」』（文春文庫、一九九八年）
ケネス・フランプトン『現代建築史』（中村敏男訳、青土社、二〇〇三年）
ミシェル・フーコー『監獄の誕生』（田村俶訳、新潮社、一九七七年）
長谷川堯『神殿か獄舎か』（相模書房、一九七二年）
ジョン・ピーター編『近代建築の証言』（小川次郎・小山光・繁昌朗訳、ＴＯＴＯ出版、二〇〇一年）
黒川紀章『ホモ・モーベンス』（中公新書、一九六九年）
黒川紀章『新遊牧騎馬民族ノマドの時代　情報化社会のライフスタイル』（徳間書店、一九八九年）

『オルタナティブ・モダン』（TNプローブ、二〇〇五年）
ベネディクト・アンダーソン『想像の共同体』（白石さや・白石隆訳、NTT出版、一九九七年）
ビアトリス・コロミーナ『マスメディアとしての近代建築』（松畑強訳、鹿島出版会、一九九六年）
コーリン・ロウ『マニエリスムと近代建築』（伊東豊雄・松永安光訳、彰国社、一九八一年）

■本書は語り下ろしですが、以下の章は左記の論考を下敷きにしています。
・第六章　住宅建築
「私の家と母の家　母胎建築論序説」（『20世紀建築研究』、ＩＮＡＸ出版、一九九八年）
・第十章　スーパーフラット
「スーパーフラット」（『建築文化』二〇〇四年二月号、彰国社）
・第十四章　情報
「建築家はいかに情報化社会の空間を構想したのか」（『MOBILE SOCIETY REVIEW 未来心理』五号、ＮＴＴドコモ　モバイル社会研究所、二〇〇六年）

講談社現代新書　1867

現《げん》代《だい》建《けん》築《ちく》に関《かん》する16章《しょう》――空《くう》間《かん》、時《じ》間《かん》、そして世《せ》界《かい》

二〇〇六年一一月二〇日第一刷発行　二〇一一年一月二五日第九刷発行

著者　五十嵐太郎《いがらしたろう》

発行者　渡瀬昌彦

発行所　株式会社講談社
東京都文京区音羽二丁目一二―二一　郵便番号一一二―八〇〇一

電話　〇三―五三九五―三五二一　編集（現代新書）
〇三―五三九五―四四一五　販売
〇三―五三九五―三六一五　業務

装幀者　中島英樹

印刷所　豊国印刷株式会社

製本所　株式会社国宝社

定価はカバーに表示してあります　Printed in Japan



N.D.C.520.2　270p　18cm
ISBN4-06-149867-3

## 「講談社現代新書」の刊行にあたって

教養は万人が身をもって養い創造すべきものであって、一部の専門家の占有物として、ただ一方的に人々の手もとに配布され伝達されうるものではありません。

しかし、不幸にしてわが国の現状では、教養の重要な養いとなるべき書物は、ほとんど講壇からの天下りや単なる解説に終始し、知識技術を真剣に希求する青少年・学生・一般民衆の根本的な疑問や興味は、けっして十分に答えられ、解きほぐされ、手引きされることがありません。万人の内奥から発した真正の教養への芽ばえが、こうして放置され、むなしく滅びさる運命にゆだねられているのです。

このことは、中・高校だけで教育をおわる人々の成長をはばんでいるだけでなく、大学に進んだり、インテリと目されたりする人々の精神力の健康さえもむしばみ、わが国の文化の実質をまことに脆弱なものにしています。単なる博識以上の根強い思索力・判断力、および確かな技術にささえられた教養を必要とする日本の将来にとって、これは真剣に憂慮されなければならない事態であるといわなければなりません。

わたしたちの「講談社現代新書」は、この事態の克服を意図して計画されたものです。これによってわたしたちは、講壇からの天下りでもなく、単なる解説書でもない、もっぱら万人の魂に生ずる初発的かつ根本的な問題をとらえ、掘り起こし、手引きし、しかも最新の知識への展望を万人に確立させる書物を、新しく世の中に送り出したいと念願しています。

わたしたちは、創業以来民衆を対象とする啓蒙の仕事に専心してきた講談社にとって、これこそもっともふさわしい課題であり、伝統ある出版社としての義務でもあると考えているのです。

一九六四年四月　野間省一